自衛消防訓練マニュアル

自衛消防活動研究会 編著

近代消防社 刊

は じ め に

　皆さんの事業所には従業員で構成された"自衛消防の組織"があり、火災・地震などの災害に備え積極的に訓練をされていることと思います。

　ところで過去の火災事例をみますと、自衛消防の組織は編成されているが隊員個々に役割が徹底されていなかったり、日常から訓練が実施されていなかったため、いざというときに活動ができず被害を大きくした例が多くみられます。火災事例は、皆さんが自分の事業所の災害発生、拡大の危険性を考えてみる"かけがえのない教訓"でもあります。そのうちで"自衛消防の組織"において教訓とすべき点をみますと、

- 炎を見てあわててしまい、消火器が使えなかった。
- 屋内消火栓が近くにあったのに、使うことを思いつかなかった。
- 屋内消火栓を使いかけたが、開閉バルブを操作しなかったため水が出ず、結局使われなかった。

など、初期消火活動に失敗したり、また、通報連絡や避難誘導活動が遅れたため、被害を大きくしてしまった事例は、ここに書き切れない程たくさんあります。

　このことから、自衛消防活動上の課題としてクローズアップされるのは、事業所の責任者の防災に対する認識の必要性は勿論ですが、防災教育の充実や消防訓練の効果的な実践が極めて重要であり、こうした面での指導者である有能なリーダーの必要性であります。

　本書は、自衛消防の組織のリーダーに必要な基本的な知識及び消防技術をとりまとめたものです。リーダーである皆さんが今後、各々の事業所で実施する自衛消防訓練・教育の一助になれば幸いです。

目　　　次

- ■ 火災の実態
  - 第1　ホテル・ニュージャパン火災から …………………………………… 1
  - 第2　火災の知識 …………………………………………………………… 4
    - 1　火災の定義 …………………………………………………………… 4
    - 2　燃焼と消火法 ………………………………………………………… 4
    - 3　煙の恐ろしさ ………………………………………………………… 6
- ■ 自衛消防の組織
  - 第1　目　的 ………………………………………………………………… 8
  - 第2　位置づけ ……………………………………………………………… 8
  - 第3　任　務 ………………………………………………………………… 9
- ■ 自衛消防訓練
  - 第1　自衛消防訓練の必要性 ……………………………………………… 11
  - 第2　初期消火活動の実態 ………………………………………………… 11
    - 1　初期消火の実施状況 ………………………………………………… 11
    - 2　初期消火の問題点 …………………………………………………… 12
  - 第3　訓練のすすめ方 ……………………………………………………… 14
    - 1　訓練種別 ……………………………………………………………… 14
    - 2　訓練計画 ……………………………………………………………… 17
    - 3　出火点の想定 ………………………………………………………… 20
  - 第4　訓練種別ごとの実施要領 …………………………………………… 22
    - 1　通報連絡訓練 ………………………………………………………… 22
    - 2　初期消火訓練 ………………………………………………………… 29
    - 3　避難誘導訓練 ………………………………………………………… 43
- ■ リーダーの役割
  - 第1　災害時における指揮 ………………………………………………… 53
    - 1　リーダーの必要性 …………………………………………………… 53
    - 2　指揮能力 ……………………………………………………………… 53
  - 第2　平常時における教育 ………………………………………………… 54
    - 1　教育の必要性 ………………………………………………………… 54
    - 2　教育をするための技術 ……………………………………………… 55

第3　安全管理 …………………………………………………………… 57
　　　1　安全管理の基本原則 ……………………………………………… 57
　　　2　訓練時の安全管理 ………………………………………………… 58
　　　3　消防用設備等に関する安全管理 ………………………………… 58
■　災害発生時の心理と避難行動
　　第1　人間の心理 ………………………………………………………… 62
　　　1　平常化の心理 ……………………………………………………… 62
　　　2　心理と五感に関する実験 ………………………………………… 62
　　第2　避難行動 …………………………………………………………… 64
　　　1　避難行動の特性 …………………………………………………… 64
　　　2　避難障害 …………………………………………………………… 65
　　　3　避難速度 …………………………………………………………… 66
　　第3　パニック …………………………………………………………… 68
　　　1　パニックとは ……………………………………………………… 68
　　　2　人間の密度 ………………………………………………………… 68
　　　3　群集圧力 …………………………………………………………… 69
　　第4　人間心理から見た避難対策 ……………………………………… 71
　　　1　フール・プルーフ ………………………………………………… 71
　　　2　フェイル・セーフ ………………………………………………… 72
（資料編）
　　Ⅰ　訓練のための基本動作 …………………………………………… 73
　　Ⅱ　消防用設備等の操作要領 ………………………………………… 79
　　Ⅲ　地震対策 …………………………………………………………… 100
　　Ⅳ　台風関係 …………………………………………………………… 120
　　Ⅴ　消防関係用語 ……………………………………………………… 127

■ 火災の実態

第1 ホテル・ニュージャパン火災から

　みなさんの事業所における自衛消防の組織は万全でしょうか。
　過去の様々な火災事例からみても、出火時における自衛消防の組織の行動力の欠如から大事に至った例が少なくありません。
　昭和57年2月8日のホテル・ニュージャパンの火災でも、「初期消火」・「通報連絡」・「避難誘導」この3つの柱さえしっかりしていれば、もっと被害を少なくできたことと思います。
　ホテル経営者の経営方針が営利第一であったことから、従業員の防災意識も低く、それに加えて日頃の消防訓練や消防用設備等の点検といった基本的なことが行われていなかったため大事に至ったといえます。
　また、火災発生時にもっと適切な避難誘導、屋内消火栓を活用した初期消火活動が展開されていれば、33人の尊い命を失うことはなかったでしょう。
　再びこのような大惨事を起こすことは決して許されません。多くの人々を収容する、劇場・映画館・百貨店・ホテル・病院などにおいては、自衛消防の組織のリーダーの手の中に何百人いや何千人もの人々の命があずけられているのです。

〈火災の概要〉

発生日時等	焼損面積	死傷者	出火場所	出火原因
昭和57年2月8日午前3時すぎころ（覚知3時39分）	4,186m^2	死者33名 傷者34名	9階938号室のベッド付近	938号室宿泊客のタバコの不始末と推定される。

〈自衛消防の組織等の初動措置〉

 通　　報
㋐　消防機関への第一報は、通りがかりの者からのものであった。
㋑　火災を発見したフロント係員は、他のフロント係員を介して警備員室に火災である旨を連絡し、警備員は、更に現場確認をした後、119番通報を指示しているが、これは、第三報であった。

 初期消火
㋐　火災発生を知らされたルームサービス係のTは、粉末消火器を持って火災室にいったが、ドアが開かなかった。遅れてマスターキーを持ってきたKの到着を待って、消火器で消火したが、消火できなかった。
㋑　その後、さらに8階から粉末消火器を持って戻ったが、既に濃煙等で火災室への進入はできなかった。
㋒　フロント係員は、屋内消火栓の扉を開いて、起動ボタンを押してホースを引き出したが、水が出ず、煙も迫ってきたので消火活動を断念した。
　　この時、開閉バルブの開放操作をしていなかったため、水が出なかったものである。

 避難誘導
㋐　屋内消火栓による消火を断念したフロント係員は、出火場所付近の廊下にいた4～5名の客をエレベーターまで誘導した。
㋑　警備員Aは、8階廊下にいた4～5名の客を階段を利用して1階出口まで誘導し、引き続き階段を使用して避難してきた14～15名の客を1階出口に誘導した。その後、再び階段で6階に上り、5名の客を階段を使用して1階出口まで誘導した。
㋒　他の警備員BとCは、10階廊下にいた8名くらいの客を階段口まで誘導し、Bが1階まで誘導した。Cは、さらに10階で1名、8階で6名くらいの客と、7階で数名の客をそれぞれ階段に誘導した。
㋓　㋐のフロント係員は、1階に戻り、非常放送用のテープを回したが、ベルトが切れて

いて回らず、マイクで放送しようとしたが、マイクのヒューズが切れていて、放送できなかった。

〈延焼経路等〉

(ア) 延焼経路

(出火部位)	(出火室の拡大)	(他室への拡大)	(上階への延焼)
938号室	室内のふとん、内装材（可燃材が多かった。）から天井まで燃え上がる。	間仕切壁の一部が木造部分又は出入口側の木造部分を通じて拡大した。	パイプ・ダクトシャフト、換気ダクト、配管の埋戻しが不完全な部分、エレベーター枠上部区画壁の施工不完全部分、外壁窓から延焼した。

(イ) 延焼拡大した主な理由

　㋐　スプリンクラー設備、防火区画等が不備であった。
　㋑　客室相互の間仕切壁の一部が木製で仕切られていた。
　㋒　居室及び廊下の内装材に可燃材が多く使用されていた。
　㋓　防火区画の貫通部に埋戻しが不完全な部分があった。
　㋔　面積区画に設けられた防火戸が多数閉鎖しなかった。

- 3 -

第2　火災の知識

1　火災の定義

何を火災というのでしょうか。その定義は、『火災とは、人の意図に反して発生し若しくは拡大し、又は放火により発生して消火の必要がある燃焼現象であって、これを消火するために消火施設又はこれと同程度の効果のあるものの利用を必要とするものをいう』とされています。

したがって

① 人に意図に反し又は放火により発生すること。
② 消火の必要がある燃焼現象であること。
③ 消火の施設又はこれと同程度の効果のあるものの利用を必要とすること。

以上に掲げた3つの要件が全部含まれているものが火災であり、1つでも含まれなければ、火災とはならないことになります。

2　燃焼と消火法

(1) 燃焼の定義

前に述べたように、火災の定義の一つに「消火の必要がある燃焼現象」とありますが、さて、燃焼とはいったいどういうものを言うのでしょうか。

燃焼の定義については様々なことが言われていますが、一般的には「発熱・発光を伴う激しい酸化現象」と言われ、物質が酸素と化合する変化でその反応熱により被酸化物質が発光あるいは発炎する現象を言います。したがって、酸化反応であっても熱を伴わない現象（鉄が錆びる場合など）や、光を伴わない現象（生体内で栄養素が酸化され体温を維持する場合など）は、燃焼とは言いません。

(2) 燃焼条件

燃焼するためには一定の条件が必要となります。

ア　可燃物

酸化されうるものであり、かつ、発熱反応をするものであり形状別に区分すると、次のようになります。

(ア) 気体（蒸気）

日常生活に欠くことのできない都市ガスやプロパンガスに代表されるもので、一定濃度の範囲で空気と混合し燃焼（定常燃焼）します。

しかし、他の形状の可燃物に比較して爆発（非定常燃焼）と呼ばれる作用があること、目に見えないことなどが特徴と言えます。

(イ) 液体

一般にはそれ自体が燃焼するわけではなく、可燃性蒸気に気化し空気と混合して燃焼します。

身近なものとしてはガソリンや灯油があり、条件によっては爆発的燃焼をすることもあります。

(ウ) 固体

固体の燃焼も一般的にはそれ自体が燃えるわけではなく、液体や気体のそれと同じ形態をとります。

イ 支燃物

火災をはじめ一般的な燃焼には支燃物として酸素が必要です。酸素は空気中に約21％含まれています。

燃焼するためには、この支燃物である酸素の供給が十分でなければならず、空気中の酸素濃度の増減が燃焼に大きな影響を与えます。

ウ 点火エネルギー

可燃物の周囲に支燃物（酸素）があるだけでは燃焼は起こりません。燃える（酸化する）ためには反応エネルギーが必要で、反応させるエネルギーを点火エネルギーといいます。

この点火エネルギーは通常は熱と考えればよく、直接的な炎、摩擦熱や衝撃による熱が該当します。また、電気や静電気によるスパークも熱になります。

以上が燃焼に必要な条件であり、これを燃焼の三要素と呼び、この中の一つでも欠ければ燃焼は起こりませんし、その継続も不可能です。

(3) 消火法

消火とは、燃焼反応を中止させること、すなわち燃焼の三要素の一つ以上を除いて燃焼が継続できなくすることですが、大別すると次のようになります。

- 冷却消火法………注水する、天ぷら油火災に青野菜を入れるなど
- 窒息消火法………二酸化炭素、泡でおおう、毛布をかけるなど
- 除去消火法………ガス、油の供給を断つなど
- 希釈消火法………ガスを二酸化炭素などで薄めるなど
- その他の消火法…連鎖反応を抑制するなど

3 煙の恐ろしさ

(1) 煙の速さ

　建物火災の場合、まず考えなければならないのが煙です。耐火構造のビルでも天井、壁、間仕切などの内装は、可燃性のものが多く使われており、家具などの可燃物も多量にあります。この可燃物が燃え出すと、室内の特性として酸素の供給が悪いため、くすぶりによって多量の濃煙が発生します。特に新建材、プラスチック製品については木材に比べ10倍～20倍の煙を発生することが各種の実験で明らかにされています。

　この煙には、一酸化炭素（CO）、二酸化炭素（CO_2）、さらに燃焼物の種類によっては、塩素ガス等の毒性ガスが多量に含まれ、毒性ガスと燃焼に伴う酸素不足、高熱とがあいまって、人間の思考力、判断力を鈍らせて避難行動を阻害し、あるいは一瞬のうちに生理作用を停止させ、中毒、窒息により死に至ります。

　煙の中で物体を見透すことのできる距離は、煙の濃度が2倍になると見透せる距離は1/2に減少します。また、一般に人が煙の中を通れる限界は個人差もありますが、見透すことのできる距離が慣れない建物では15～25m、慣れた建物では3～5mが必要とされています。また、煙の速さはその時の温度や燃焼速度によって異なりますが、一般に水平方向で0.5 m/sぐらいで垂直方向では3～5 m/sにもなります。垂直方向では人の歩く速度よりも速いので、階段などでは特に注意を要します。

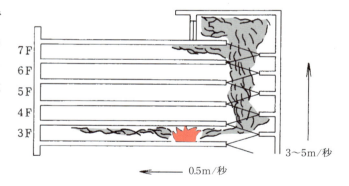

煙の速さ

(2) 酸素欠乏

　人間は、約21％の酸素を含む空気を吸って生きていますが、酸素の欠乏が即、生命に影響することはいうまでもありません。

　建物内で火災が起こると、急激な燃焼の拡大にともない空気中の酸素が欠乏します。実験データから、火災の最盛期の室内の酸素濃度は3％台に減少することが明らかで、酸素欠乏は人命に重大な影響をもたらします。

酸素欠乏の症状

酸素濃度%	症　　　　状
15～17	過信、不安、悪心、頭痛、判断の障害、視力障害、めまい、虚弱感
10～14	嘔吐、不安、筋のけいれん、体温上昇、精神混だく、呼吸困難、チアノーゼ
7～11	意識喪失、けいれん、チアノーゼ
5～9	昏睡、呼吸停止

(3) 一酸化炭素の毒性

　一酸化炭素（CO）は、酸素の供給が不十分な状態で燃焼する場合に生成される無色無臭の有毒ガスで、二酸化炭素（CO_2）とともに発生する有毒ガスの主体を占めています。

　一酸化炭素は、血液中のヘモグロビンと結合して血液の酸素運搬機能を低下させ、脳細胞に障害がおこり、空気中に0.5％含まれている状態では5～10分で、1.0％ではほとんど一瞬のうちに死に至るといわれ、いかに恐ろしいものであるかがわかります。また、死に至らないまでの濃度においても、頭痛、めまい、けいれん等の中毒症状を呈し、あるいは意識もうろうとなって判断力を失うことにより避難を阻害します。

　CO中毒死の恐ろしさを如実に物語っているのは千日デパートビル火災（昭和47年5月13日）ですが、火災で犠牲となった人々は無傷のままで息絶えており、部屋に火が入らなくても犠牲者がでることを十分知っておく必要があります。

　また、外見上焼死の状態であっても、一次的な死因は、CO中毒によるものが多数含まれています。

(4) 二酸化炭素（CO_2）の毒性

　二酸化炭素（炭素ガス）はそれ自体には毒性はないが、窒息性のガスです。

CO_2濃度と症状

CO_2濃度%	症　　　　状	CO_2濃度%	症　　　　状
0.5	公衆衛生上の許容濃度数	6.0	呼吸数が増加
2.5	数時間の吸入で症状に変化なし	8.0	呼吸困難
3.0	呼吸の深さが増す	10.0	意識喪失、呼吸困難
4.0	粘膜に刺激、頭部圧迫感 血圧上昇、耳鳴	20.0	生命に重要な中枢の完全まひ、死亡

■ 自衛消防の組織

第1　目的

　事業所で火災等が発生した場合、従業員が突然の出来事のため心理的に動揺している状態で統制もなくバラバラに行動することは、被害を拡大させる要因ともなりかねません。このため、命令系統を明らかにして、それぞれの従業員に通報連絡、初期消火、避難誘導等の任務を事前に教え、災害時の活動を系統的・効率的、かつ、確実に行える組織づくりが必要となります。この活動組織を「自衛消防の組織（隊）」といいます。

第2　位置づけ

　一定規模以上の事業所は、消防法第8条の規定により、防火管理の基本となる消防計画を作成し、その中に自衛消防の組織を編成するよう義務づけられています。
　自衛消防の組織に関する事項は、単に組織を作るためだけではなく、火災時の活動任務と具体的な行動基準の事前命令ともいえる重要なものですから、事業所の就業規則や業務内容と整合した計画とすべきです。

※市街地等では、多数の人が利用する大規模・高層の防火対象物が増加しており、このような防火対象物においては、火災や地震時には極めて困難な状況下で自衛消防活動を行うことになることから、

消防法（防火管理者）

第八条　学校、病院、工場、事業場、興行場、百貨店（これに準ずるものとして政令で定める大規模な小売店舗を含む。以下同じ。）、複合用途防火対象物（防火対象物で政令で定める二以上の用途に供されるものをいう。以下同じ。）その他多数の者が出入し、勤務し、又は居住する防火対象物で政令で定めるものの管理について権原を有する者は、政令で定める資格を有する者のうちから防火管理者を定め、当該防火対象物について消防計画の作成、当該消防計画に基づく消火、通報及び避難の訓練の実施、消防の用に供する設備、消防用水又は消火活動上必要な施設の点検及び整備、火気の使用又は取扱いに関する監督、避難又は防火上必要な構造及び設備の維持管理並びに収容人員の管理その他防火管理上必要な業務を行わせなければならない。（以下略）

消防法施行令（防火管理者の責務）

第四条　（略）

２　防火管理者は、消防の用に供する設備、消防用水若しくは消火活動上必要な施設の点検及び整備又は火気の使用若しくは取扱いに関する監督を行うときは、火元責任者その他の防火管理の業務に従事する者に対し、必要な指示を与えなければならない。

３　防火管理者は、総務省令で定めるところにより、防火管理に係る消防計画を作成し、これに基づいて消火、通報及び避難の訓練を定期的に実施しなければならない。

消防法施行規則（防火管理に係る消防計画）

第三条　防火管理者は、令第四条第三項の規定により、防火対象物の位置、構造及び設備の状況並びにその使用状況に応じ、次の各号に掲げる区分に従い、おおむね次の各号に掲げる事項について、当該防火対象物の管理について権原を有する者の指示を受けて防火管理に係る消防計画を作成し、別記様式第一号の二の届出書によりその旨を所轄消防署長（消防本部を置かない市町村においては、市町村長。以下同じ。）又は消防署長に届け出なければならない。防火管理に係る消防計画を変更するときも、同様とする。（以下略）

平成21年6月の消防法の改正で、政令で定める大規模な施設について、一定の資格を有する者の下で組織的に自衛消防活動を行う「**自衛消防組織**」の設置が義務づけられました。本書では、前記の防火対象物以外の組織を「**自衛消防の組織**」とし区別しました。

第3 任　務

　自衛消防の組織の活動は、火災の発生を知ってから鎮火するまでの一連の流れを指します。これを自衛消防活動と呼び、次図のように公設消防隊の到着後も情報提供などの協力関係において重要なかかわり合いがあります。

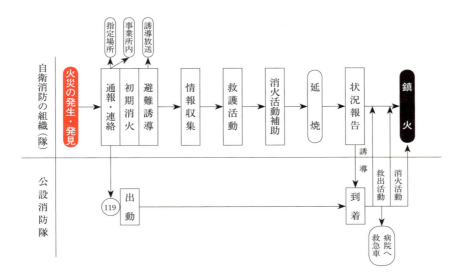

自衛消防の組織の各班の任務

　一般的な編成例を示し、その各班の任務分担について説明します。

自衛消防の組織編成表

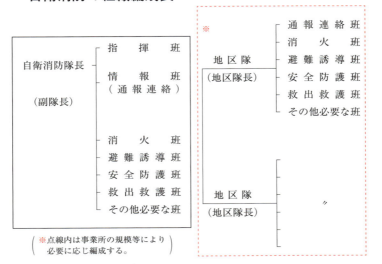

— 9 —

- ⦿ **指揮班**
  - 隊長、副隊長の補佐
  - 自衛消防本部の設置
  - 地区隊への指示、命令の伝達
  - 公設消防隊への情報提供
  - その他指揮統制上必要な事項
- ⦿ **情報班（通報連絡）**
  - 活動状況の把握
  - 災害状況の情報収集
  - 建物内への非常放送
  - 消防機関への通報
  - 指定場所への通報
  - 外来者等への非常放送

- ⦿ **消火班**
  - 消火器、屋内消火栓を活用しての初期消火
  - スプリンクラー設備等のバルブ操作
  - 水損の防止措置
- ⦿ **避難誘導班**
  - 外来者の避難誘導
  - 非常口の開放など避難路の確保
  - 避難後の開口部の閉鎖
  - 避難完了の確認
- ⦿ **救護班**
  - 負傷者の搬出
  - 負傷者の応急措置
  - 公設救急隊の援護
- ⦿ **搬出班**
  - 重要書類、物件の搬出と管理
- ⦿ **その他必要な班**
  - 他の班に属さない任務

■ 自衛消防訓練

第1　自衛消防訓練の必要性

　火災等の混乱の中では、従業員個々の活動も平常時のように冷静な判断をくだしたり思慮ある行動をとれるものではなく、消防計画どおり十分に機能を発揮できない場合が少なくありません。有事の際に従業員が自己の任務を的確に遂行するためには、日頃からの訓練を積み重ね、防災行動力を養う以外にはありません。

　消防法施行令第4条では、「訓練を定期的に実施しなければならない」とあり、同規則第3条では、特に不特定多数の者や身体的弱者を収容する防火対象物（令別表第1(1)項から(4)項まで、(5)項イ、(6)項、(9)項イ、(16)項イ又は(16の2)項）に掲げるものは、消火訓練及び避難訓練を年2回以上実施すべきことを規定しています。

　この訓練を実施する場合は、あらかじめその旨を消防機関に通報しなければならないこととなっています。

> **消防法施行規則**
> **第三条　（消防計画）**
> 1〜9　（略）
> 10　令別表第一(一)項から(四)項まで、(五)項イ、(六)項、(九)項イ、十六項イ又は十六の二項に掲げる防火対象物の防火管理者は、令第三条の二第二項の消火訓練及び避難訓練を年二回以上実施しなければならない。
> 11　前項の防火管理者は、同項の消火訓練及び避難訓練を実施する場合には、あらかじめ、その旨を消防機関に通報しなければならない。

第2　初期消火活動の実態

1　初期消火の実施状況

　火災発生時の初期消火活動の果たす役割は非常に大きく、死傷者が出た火災を検討してみますと、発見通報の遅れや避難誘導が適切に行われなかったことなどとともに、多くが初期消火の失敗によって、火災が放置状態となってしまい、悲惨な結果をまねいていることがわかります。

　このことから、初期消火の重要性がうかがい知ることができ、成功・失敗を分けるのは日頃の訓練によるものとも言えます。

初期消火の実施状況（平成25年）

- 出火件数　48,095件
- 初期消火なし　17,830件
- その他　18,096件
- 簡易消火器具　2,495件
- 注）水バケツ、水槽、乾燥砂等
- 消火器　9,118件
- 屋内消火栓設備　133件
- 固定消火設備　423件
- 初期消火実施　30,265件

（平成26年版消防白書）

2　初期消火の問題点

　全火災のうち 62.9％が初期消火を実施していることは普段からの訓練のたまものといえますが、残りの 37.1％は初期消火を実施していないことは残念です。初期消火に失敗した理由の主なものを見ると次のとおりです。

- ⦿ **不可抗力的要素**
  - ・発見が遅れたため、消火時期が遅れた。
  - ・急激に拡大したため、消火できなかった。
  - ・消火剤がかからなかった。
  - ・施錠室内に入れず。
  - ・消火器が不足。
  - ・多量可燃物急拡大。
  - ・消火剤不足。
  - ・その他（全く初期消火せずなど。）
- ⦿ **人的要素**
  - ・消火設備の使用方法を知らなかった。
  - ・消火設備の使用方法は知っていたが、使用方法が悪かった。
  - ・知らせている間に延焼拡大
  - ・その他

　人的要素については、消防用設備等に対する無関心や使用取扱いの未熟さから、初期消火に失敗した事例は多く、普段からの訓練の必要性を十分に認識しなければなりません。

　以上のように実際の火災事例を細かく分析してみますと、いろいろの問題点はありますが、全火災の約 63％が何らかの初期消火活動が行われていることは非常に心強く、火災による被害の軽減にも貢献しているものであり、自衛消防の組織の活動による成果が発揮されていると言えます。
　事業所における防火管理業務をより積極的に実施するためには、自衛消防の組織が火災等の災害に十分対応できるよう物的（消防用設備等の充実や適正維持管理）、人的（自衛消防隊員等の機器取扱い教養）、両面にわたるしっかりした体制づくりに努める必要があります。

〈事例1〉 日頃の避難訓練が効を奏した事例

用　　　途：　社会福祉施設（6項ロ）
傷　　　者：　3名（いずれも男、CO中毒中等症）
焼損の程度：　本館（耐火造5/1、延面積6,525㎡）のうち3階を部分焼
火災の概要：　本館3階から出火したもので、当時、約55名の寮生、職員がいた。1階事務室にいた職員Aが、自動火災報知設備のベル鳴動で火災を知り（受信機の窓表示が連続して2つ点灯）、火点階に直行したところ、天井付近まで燃え広がっていたので、火災を知らせるため火災報知設備（消防機関に直結）のボタンを押し通報した。
避難誘導：　寮生たちは、比較的健康な者2名が一組となって、要介護者を助ける方策があらかじめ定められ、平素から訓練を重ねていた「救急介護システム」に従い避難誘導を実施し、3階の逃げ遅れ1名（公設消防隊によって救出）を除き全員が無事避難をした。

〈事例2〉 避難誘導が遅れた病院火災事例

用　　　途：　病院（6項イ）
死 傷 者：　死者4名、負傷者5名
焼損の程度：　耐火造2/0　一部木造を半焼
火災の概要：　新生児6名を含む患者90名を収容した病院から出火し、火災発見、消防機関への通報の遅れに加え、適切な避難誘導がなされなかったために、重症患者1名と新生児3名が死亡したものである。屋外に通じる非常口は、内側から南京錠で施錠され、鍵はナースステーションに保管されていて、火災時解錠されていなかったため、2階にいた助産師は新生児3名を抱きかかえ、看護師及び入院患者4名とともに非常口横の窓から屋外階段で避難した。また入院患者の付添い1名は、非常口の網入りガラスを破り脱出した。他の新生児3名と患者1名が死亡した。

第3 訓練のすすめ方

1 訓練種別

　自衛消防訓練は、基礎訓練、部分訓練（通報訓練、消火訓練、避難訓練等）及びこれらを組み合わせて行う総合訓練に大別されます。また、訓練の実施前後に図面等を利用して各自の任務分担や訓練進行などを確認、検討する方法もあります。これを図上訓練といい、任務分担などの問題点を発見する上で有効な訓練です。

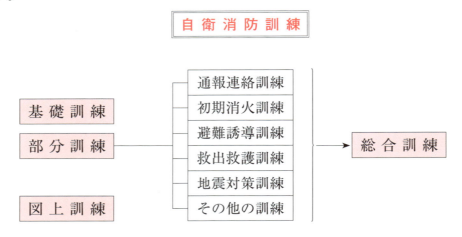

(1) 基礎訓練

　自衛消防活動の基礎となる規律、個人活動の基礎となる諸動作を身につけさせる訓練で、次のようなものがあります。

- 防火衣着装
- ロープ・はしご等の取扱い
- 屋内消火栓・小型動力ポンプ操法
- 救護資器材（包帯・担架等）の取扱い

　訓練は、毎月実施日（活動用資器材の点検日等）を定めて行います。また、交代制勤務の場合は、交代時に防火衣の着装や各装備の取扱訓練を実施します。

(2) 部分訓練

　自衛消防活動の個々の活動要領について、実施日を定め、各地区隊ごとや各階ごとに実施可能な規模で実施します。

ア 通報連絡訓練

　火災を覚知してから、消防機関への通報、構内への連絡を迅速的確に行う訓練です。

- 119番通報の要領
- 事業所内の指定場所（防災センター、防火管理者など事前に決められた場所

等）への連絡要領
　・外来者や従業員への連絡方法
イ　初期消火訓練
　　初期消火は、自衛消防活動の中でも非常に重要な活動であり、消火器具、消火設備の位置、機能等について習熟させることを目的とし、消火器や屋内消火栓などを取扱う訓練です。
　◉　消火器の取扱い
　　・消火器の種類、構造、消火能力、使用方法等の説明
　　・オイルパン等を用いた模擬火災の消火

　◉　屋内（外）消火栓の操作
　　・消火栓の構造、使用方法等の説明
　　・ホースの延長方法、ポンプの始動及び停止方法
　　・模擬火災の消火、放水要領
　◉　スプリンクラー設備の操作
　　・開放型ヘッドの散水及び停止の操作方法
　　・閉鎖型ヘッドの散水停止の操作方法
ウ　避難誘導訓練
　　火災発生時に、避難者を秩序正しく迅速に安全な場所へ誘導するため、避難経路の決定、避難方法の伝達、パニック防止、非常口の開放、避難者と逃げ遅れた者の人数確認等を考慮して、次の事項を重点に行う訓練です。

　・避難誘導員の避難経路への配置
　・避難施設、避難器具の操作
　・拡声器等による誘導
　・放送設備、非常電話等による誘導
　・階層別、時間差を考慮した誘導
エ　救出救護訓練
　　要救助者の検索及び救助、傷病者の応急手当及び搬送、応急救護所の設置などについて行う訓練です。

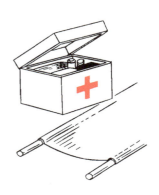

　・ロープ取扱要領
　・傷病者の搬送方法（担架搬送、徒手搬送）
　・応急手当（傷病の観察、人工呼吸法、止血法、三角布及び包帯の使用法等）の要領

オ　その他の訓練

たとえば次のような内容についての訓練もあります。

(ア)　安全防護訓練

消火活動や避難誘導を円滑に実施できるよう防火戸や排煙設備を操作したり、危険な物件を移動、除去する訓練です。

- 防火・防煙区画の確保
  - 防火戸、防火シャッターの閉鎖
  - 非常用エレベーターの運行
  - 空調設備の停止及び防火ダンパーの閉鎖
  - 排煙設備等の作動確認
- 危険物件の応急措置
  - 危険物施設の元バルブ閉鎖
  - ガスの供給停止及び爆発危険の排除

(イ)　公設消防隊誘導訓練

公設消防隊を出火場所等へ誘導したり、情報を伝達する訓練です。

- 進入口の開放
- 出火場所、延焼、避難状況等の伝達
- 出火場所等への誘導

(ウ)　非常持出品搬出訓練

重要書類、物件をあらかじめ指定分類し、非常時に搬出する訓練です。

(3)　総合訓練

総合訓練は、前記の部分訓練を一連の活動として組み合わせて行う訓練です。

従業員が自衛消防の組織の一員として各自の任務を習熟し、部分訓練の実施結果が良好であると判断される場合には、総合訓練を実施します。

総合訓練は部分訓練において発見できなかった系統的な活動の欠陥などの問題点が確認でき、自衛消防の組織の再検討をする上で重要な訓練です。

総合訓練は、事業所全体で実施しなければ十分な効果が出ませんので、実施日時等の十分な調整を図った上で、火災予防運動、防災週間等、従業員の防災に対する関心が高まる時期に実施すると効果的です。

2 訓練計画
(1) 年間計画

　年間計画は、事業所の用途、規模、就業体制等に応じて訓練周期や内容を検討し、確実に実行できるものとすることが大切です。また、過去の訓練から参加者の技能の熟練度等を考慮して、部分訓練の組合せ方や総合訓練の実施時期を決定してください。

自衛消防訓練年間計画（作成例）

平成○○年

月別	実施内容	月別	実施内容
1	防災連絡会議	7	防災会議
2	初期消火訓練（A地区隊）	8	避難誘導訓練（B地区隊）
3	総合訓練（事前に図上訓練を行う）（通報連絡、初期消火、避難誘導、救出救護）	9	地震対策訓練（情報伝達、出火防止、避難誘導）
4	避難誘導訓練（C地区隊）新入社員防火教育	10	初期消火訓練（C地区隊）訓練連絡会議（総合訓練打合せ）
5	初期消火訓練（B地区隊）	11	総合訓練（通報連絡、初期消火、避難誘導、防火映画等）
6	避難誘導訓練（A地区隊）	12	図上訓練

(2) 訓練立案

- 実践的な訓練とする。
- 参加者の能力に合ったものとし、内容を基礎から応用へと移行する。
- 過去の火災事例の教訓を積極的に取り入れる。
- 事業所の実状に合った災害状況を設定する。
- 顧客を収容する事業所では、顧客の参加が理想であるが、不可能な場合は従業員の一部を顧客に見たてて避難誘導するなど現実に近いものとする。

効果的な実施時期の例
- 春・秋の火災予防運動期間
- 防災の日
- 特異火災の発生直後
- 新入社員の研修時期　etc

ア　訓練の想定

　訓練の想定は、訓練の目的に合わせたものとする。

　訓練目的の設定は、それぞれの事業所によって異なりますので、ここでは効果的な訓練を行うための最低条件として、次の要件を目安として訓練の想定をします。

> **共通な要件**
> ①　延焼火災とする。
> ②　危険範囲は1階層以上とする。
> ③　避難を要する者がいるものとする。

　訓練実施対象物の用途、特異性等を考え、実態に合った訓練想定とする必要があります。

イ　想定要領

　訓練の想定は、5W1Hの原則、いつ（WHEN）、どこで（WHERE）、だれが（WHO）、何を（WHAT）、なぜ（WHY）、どのように（HOW）のうち、いつ、どこで、どのようにの要素を基本として、次のいくつかを組み合わせて設定します。

出火時間
- 事業所の公開時間、営業時間
- 昼間、夜間
- 自衛消防の組織の編成人員が手薄になる時間
- 多数の客で混雑している時間

出火場所
- 厨房、ボイラー室等、火気使用設備・器具の設置場所で出火危険のある場所
- 可燃物の多い場所
- 地階・自衛消防活動の困難な場所
- 避難口付近・避難が困難な場所

ウ　用途の特異性

　不特定多数の者の出入する対象物の主な用途別の特異性を例示すると、次のとおりです。

劇場、映画館、観覧場、集会場
- 収容人員（密度）が、他用途の対象物に比較して大きい。
- 用途上開口部が少なく、開演中は一部の出入口が開かれているだけで、

- 他は閉扉されている状態にあるのが通例である。
- 入場者の大半は、不特定の者で内部の事情に不案内である。催し物の内容によっては、特異な心理状態になり火災等が発生した場合、群集心理による動揺から大規模な人身事故を起こしやすい。
- 劇場、映画館は、一般に客席内が暗いため、その危険性は特に大きい。特に、高層階や地階にあるこれらの施設は、避難管理上の問題が多い。

百貨店、マーケット

- 百貨店は、その規模も大きく高層化し、売場には多種多様の商品等が収容展示又は陳列されており、延焼拡大危険が高い。
- 開店中は、不特定多数の客が収容されており、エレベーター、エスカレーター等を使用するため店内における方向感覚が薄れ、客は自分が今、何階で買い物をしているかも分からない人が多くいる。
- 店内で買物をするお客の大半が婦女子で、かつ、荷物を持っており避難のときに大きな人身事故を生ずる危険性がある。

旅館、ホテル、宿泊所

- 年々高層化し、単に宿泊施設としての用途のみでなく、集会場、展示場、飲食店、店舗等多目的に使用されているものが多い。
- 夜間は従業員が極端に少なくなるため夜間の防火管理体制が手薄となる。
- 不特定多数の出入が頻繁で、宿泊者のほとんどは施設内部の事情に不案内で、酔客も多い。
- 非常時の宿泊者への周知は、個室化されていることから容易でなく避難管理上の問題が多い。

病院、診療所

- 患者を含めて不特定多数の者が出入りし、長期入院患者の一部を除いては、施設内部の事情に不案内である。
- 入院する患者は、身体的又は精神的理由等により自力で避難することが困難な者が多い。
- 看護師等の不足により、深夜勤務は最小限の人員であるため、夜間火災等の災害が発生した場合は、避難誘導人員の不足から人命危険が高い。

3　出火点の想定

　訓練の実施に関しては後で述べる安全管理に注意するとともに、事業所に合った出火点の想定をしなければなりません。

　出火点は、実際に火を燃やして行うことが臨場感を増し、実災害に近い条件設定ができますが、しかし建物内で火を燃やして行うことはむずかしいことから、これに変わるものとして、旗や発煙筒等を使用した次のような方法があります。

- ⦿ **旗**

　旗による出火点の表示は、延焼の範囲を示す場合は赤旗を、煙の範囲は白旗を、延焼拡大の状況を示す場合は旗を移動し、鎮火は旗を撤去する。

　火災の拡大については、出火後10分以内は建物内で毎分周囲へ1メートルずつ、煙は横に毎秒約0.5メートル、階段等のたて方向については毎秒3～5メートルという速度を基準に旗を移動して、刻々の火災の変化の状況を参加者に知らせる。

- ⦿ **発煙筒**

　発煙筒は、一般的に白煙、赤煙が使われるが、出火点付近では赤、煙の範囲として白を使えば状況表示がはっきりして参加者に臨場感を与え効果的である。しかし、発煙筒は、火を発するものであり取扱いには十分注意を要します。

注意事項

点火する場合

- 発煙筒は、金属製のバケツに砂を入れ、砂の中に深く差し込み固定して点火する。
- 点火は、必ず手袋をして行う。
- 点火後は、火の粉を噴出し、高温度になることから、噴煙に身体を向けないで5メートル以上離れる。
- 絶対に投げないこと。発煙状況が均一でなかったり、急に激しくなったりする場合は、爆発の恐れがあるので完全に消えるまで接近しない。

不発品の処置

- 15分以上そのまま放置し、異常のないことを確認してから処置する。
- 発煙筒には、水により化学反応を起こし、発熱する成分を含んでいるので、絶対に水の中に入れない。

　煙の主成分は塩化亜鉛であり、多量に吸い込むと頭痛等の中毒症状を起すこともあるので、なるべく開放された場所で使用すること。なお現在、人体に対して毒性の少ない「無公害発煙筒」があるので、できるだけこれを使用する。

⦿オイルパンによる模擬火災

消火訓練は、模擬火災を作る場合、オイルパンを使用するものが一般的である。しかし、オイルパンによる模擬火災は油火災であるから、火災の大半を占める木材や紙等の消火技術の取得には、必ずしも最良な方法とはいえない。また、オイルパンの他に廃材やダンボール等を燃やす場合もある。なお、オイルパンの形状、大きさは次のものが一般的です。

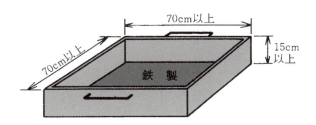
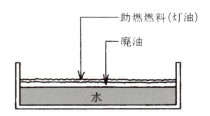

水、廃油はオイルパンの半分以下とすること。

注意事項

オイルパンについて

- 油は、廃油及び助燃用の油として灯油を使い、ガソリン等の低い引火点の油は使わない。
- 点火は、専用の点火棒（長さ1メートル以上）を使い、絶対にマッチ等により直接手で点火しない。
- 点火は風上から行う。
- オイルパンの周囲の可燃物を取り除いておく。また、燃料用の油類は最低10メートル以上離れた場所に密閉して置く。
- 空地や屋上等の他への延焼の恐れのない場所を選定する。
- 訓練後の廃油等は完全に燃焼させて処理する。

模擬火災による消火訓練を行う場合は、消防署へ訓練の通知や火災とまぎらわしい煙を発生するおそれのある行為を行う旨の通知をするとともに付近の住宅や事業所に連絡をしておくことが必要です。

風の強い時等、気象条件が悪化している場合は、他の訓練方法により行う。

第4　訓練種別ごとの実施要領

1　通報連絡訓練

　火災の対応で大切なことは、早期発見、早期通報です。発見後は火災の状況を迅速的確に指定場所、消防機関へ通報し、一刻も早く自衛消防活動に当たることが被害の軽減のために必要なことです。

(1)　覚知方法別の行動要領

　ア　視認による覚知時の行動
- 「火事だ！」と大声で周囲の者に知らせる。
- 非常ベルや自動火災報知設備の発信機のボタンを押して知らせる。
- 防災センターや警備員室へ、非常電話や内線電話を使って火災の状況を連絡する。

　イ　機械感知による覚知時の行動

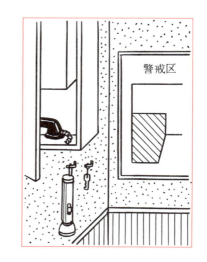

- 自動火災報知設備受信機の火災表示窓が点灯し、ベルが鳴った時は、警戒区域一覧図と照合し、現場確認に急行する。なお、その際には消火器、自動火災報知設備に付属されている送受話器、マスターキー等を必ず携行する。
- 現場到着したら、周囲に火災の発生を知らせると共に、携行した送受話器を発信器のジャックに差し込み防災センター等へ火災の状況等を連絡する。
- 複数の火災表示窓が点灯した時や、スプリンクラー設備等が作動した時は、真火災の可能性が非常に高いので、直ちに初動体制がとれるよう各部署へ連絡する。

(2)　119番通報要領

　ア　通報要領

　(ｱ)　事業所からの通報は、加入電話又は内線電話で行われるのが普通です。内線電話での通報は、交換手がいる場合は交換手を通して119番に通報することになりますが、自動式の場合は「ゼロ」等（事業所独自の外線通話番号）を発信し119へ通報します。

　(ｲ)　通報は、119番受信の係員に分かりやすいように、冷静かつ的確に次の

事項について行います。
- 火災・救急の別
- 事業所の所在地、名称及び付近の目標物
- 建物の用途、階数、出火場所
- 延焼程度、燃焼物件
- 逃げ遅れた者の有無
- 消火活動上支障となる施設（危険物施設、変電設備等の有無）

電話の設置場所の付近に通報要領を掲出しておくと、訓練時だけでなく災害発生時にも有効です。

〈参考〉 **公衆電話・携帯電話から通報する場合**

◉ 緊急通報ボタンが付いている場合
　　⇨ ボタンを押せばカードや硬貨を入れなくてもかかります。
1. 受話器をあげる。
2. 「緊急通報ボタン」を押す。
3. 「119」をダイヤルし通報する。

◉ 緊急通報ボタンが付いていない場合
　　⇨ 「カギ」が必要です。
10円玉を入れてダイヤルしても、あなたの声は先方には聞こえません。

◉ 携帯電話・PHS
　携帯電話やPHS等の移動電話から119番通報（119とプッシュ）した場合は、中継基地等の関係から災害発生地域（通報している場所）を管轄する消防本部以外の消防本部へ通じることがありますので、特に次のことに注意してください。
・場所と目標をしっかりと確認する。
・携帯電話又はPHSからの通報であることを告げる。
・消防本部から場所の確認等のため、かけ直すことがあるので、電源を切らない。

イ　訓練要領
(ア) 実際に119番通報する場合は、事前に所轄消防署へ連絡して了解を得るとともに、通報時には実火災と誤解されないよう「訓練」を2度連呼してから通報してください。

(イ) 内線電話を使って119番通報訓練する場合は、防災センター等の電話を「消防機関」、出火階の電話を「通報者」とし、「消防機関」側の内線番号を119番に見立てて通報要領を訓練します。

ウ　通報方法

通報時の実例としては下図の要領で実施してください。

《通報例》

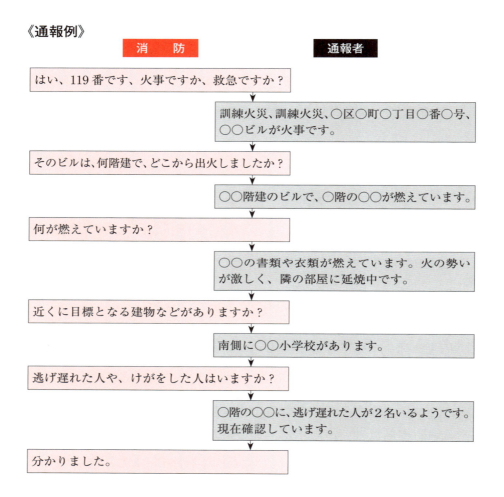

(3) **警備員室等への通報要領**

　百貨店、ショッピングセンター、病院等の大規模な事業所では、防災センターや警備員室を自衛消防本部として指揮をとりますから、他の部署に優先して通報しなくてはなりません。緊急連絡用の電話番号は、覚えやすい電話番号（例：内線119）を設定し、従業員等にあらかじめ徹底しておきます。通報要領は前イに準じて行いますが、特に火災の状況については、より詳細に通報します。

(4) 外来者等への通報要領

　ベル、サイレン、放送設備等を用いて、構内の全域、部分あるいは特定の者に対して連絡をします。事業所の実態、規模等により連絡方法が異なりますので、平常時からその方法について従業員等に周知させておく必要があります。

ア　自衛消防隊員や係員への連絡

　不特定多数の外来者がいて、一斉放送によりパニック等を生じるおそれのある場合は、特定の者だけに理解できる内容（暗号）で放送をして迅速な隊員配置を行います。

> 《放送例》（暗号）
> 「業務放送いたします。ただいまより防災会議を行いますので、関係の方は○階（出火階）の会議室（出火室）まで集合してください。」

イ　従業員や外来者への連絡

　自衛消防本部は、火災の状況を的確に把握して避難開始時期を決定します。出火場所や延焼危険度によって連絡方法は異なりますが、あくまでも聞く人に動揺を与えないように、冷静かつ沈着な声で放送します。

> 《放送例》
> 「こちらは防災センターです。ただいま○階で非常ベルが鳴りましたが、現在係員が調べておりますので、お客様はそのまま次の放送をお待ちください。」「お知らせいたします。ただいま○階の○○で火災が発生しました。火災は現在、係員が消火に当たっております。お客様は落ち着いて係員の誘導に従い避難してください。」

(5) 消防機関への通報が遅れる理由
- ⦿ いつもの誤報

　平素、自動火災報知設備の誤作動が度々あるので、それが作動しても「またか」と思って、本当に火災が発生したのかどうかを確認せずに放置しておいたため大事に至ったという例が多くあります。作動したら必ずその場へ行き確認してください。この場合、自動火災報知設備に付属されている送受話器を持って行くか、または非常電話等の連絡装置を利用し、早期に情報を受信場所へ連絡することが大切です。

- ⦿ 上司が先

　火災発見者等が事業主または上司等に連絡し、許可を得てから消防機関へ通報しようとして事業主等をさがしている間に火災が大きくなってしまったという例もたくさんあります。火災のように緊急性の強い事象にあっては、発見者または通報担当者自身が、直ちに消防機関へ通報しなければなりません。

- ⦿ 火事はどこだ

　火災が発生したということは分かったが、何がどこで、どの程度燃えているかは全く不明なので、それを確認してから通報しようとして、建物内をさがしまわったために、ぼやですんだはずの火災が大火になってしまったという例が後を絶ちません。

　建物の形態によっては、正確な火災の実態をつかむのに相当な時間を要しますので、このような場合には、分かっている内容をまず通報してから、くわしく調査して再び連絡することが大切です。

- ⦿ 通報済‼?

　「もうすでに誰かが通報しただろう」、または「自分がしなくても誰かが通報するだろう」と思ってすぐに通報しなかったため、建物全体に火が回ってからようやく119番へ通報されてきたという例がよくあります。他の人が通報したかどうかはっきりしないときは必ず自分で通報してください。

- ⦿ ないしょに

　「ぼやで消えたのに」または「火災でなかったのに」消防車がサイレンを鳴らして何台も集まってきたため、事業所のイメージや信用が低下するというような考えは改めることです。

- ⦿ ボヤだから

　ぼやですぐ鎮火したような場合には、通報する必要がないと思って119番へ通報しなかったという事例も相当ありますが、消防法第24条により、鎮火後でも通報する義務があることを忘れないでください。

〈参考１〉 非常放送設備について

　非常放送設備は、火災発生時に建物内の人に火災の発生、避難誘導等をサイレンや音声によって報知する設備です。この設備は、避難誘導だけでなく、火災の確認や消火活動等に必要な指示命令を伝達するためにも有効です。

非常放送設備の基本操作要領

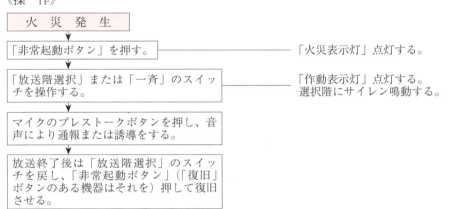

《操作》

火災発生
↓
「非常起動ボタン」を押す。 ──── 「火災表示灯」点灯する。
↓
「放送階選択」または「一斉」のスイッチを操作する。 ──── 「作動表示灯」点灯する。選択階にサイレン鳴動する。
↓
マイクのプレストークボタンを押し、音声により通報または誘導をする。
↓
放送終了後は「放送階選択」のスイッチを戻し、「非常起動ボタン」（「復旧」ボタンのある機器はそれを）押して復旧させる。

操作盤

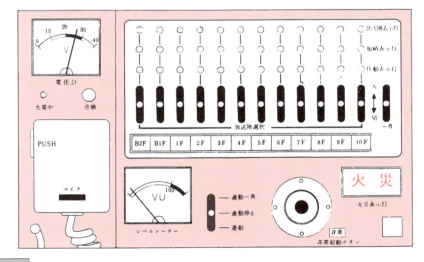

スイッチ名称と機能

「非常起動ボタン」…火災発生時の起動スイッチ。起動すると一般放送を遮断しサイレン音が出ます。（復旧スイッチ兼用）
「出火階表示灯」……自火報と同時に出火階を表示します。
「短絡表示灯」………スピーカー回路が短絡して放送不能となった階を表示します。
「作動表示灯」………放送中の階を表示します。
「一斉」………………全館放送をする時押すスイッチです。
「放送階選択」………放送したい階のみ選択するスイッチです。
「自火報連動切換」…「連動一斉」では、火災信号により全館一斉にサイレンを鳴らします。「連動」では、回線ごとに連動してサイレンを鳴らします。通常は「連動停止」の位置が原則です。

〈参考２〉 自動火災報知設備について

　自動火災報知設備は、建物内部の火災発生を自動的に覚知し、ベルによって速やかに建物内の人に報知する設備です。人の監視が届かない場所であっても、熱や煙を感知器がとらえ、火災に対する迅速な初動体制をとることができます。

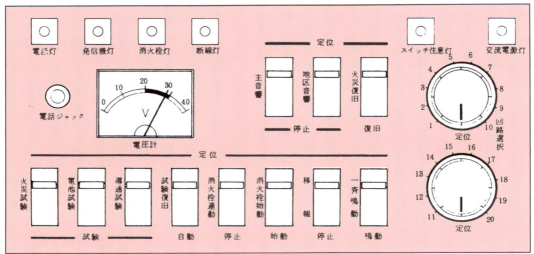

スイッチ名称と機能

「交流電源灯」………点灯時は交流電流が流れており正常です。消灯時は停電か受信機内スイッチ又はヒューズが切れています。
「スイッチ注意灯」…各スイッチがすべて「定位」にあれば消灯しています。スイッチが「定位」にないと点滅します。
「回路選択」…………点検時、火災作動試験や回路導通試験をするためのダイヤルです。
「電話ジャック」……各発信機の電話ジャックとの間で通話するためのジャックです。発信機に受話器のプラグを差し込むと受信機のブザーが鳴ります。
「電　圧　計」………受信機の電圧を示し、指針が緑色の範囲にあれば正常です。電池試験、導通試験時に確認します。
「主　音　響」………主ベルを停止するためのスイッチです。
「地区音響」…………地区ベルを停止するためのスイッチです。
「火災復旧」…………受信機の作動を復旧させるスイッチです。
「火災試験」…………点検時、火災作動試験（地区表示灯等の点灯確認）をするスイッチです。
「電池試験」…………内蔵バッテリーの電圧を確認するスイッチです。
「導通試験」…………点検時、各回路の導通試験をするスイッチです。
「試験復旧」…………点検時、感知器や発信機が作動している時のみベルが鳴動するようにするスイッチです。
「消火栓連動」………「定位」にあると発信機のボタンを押すことにより、消火栓のポンプが始動します。ポンプ停止時に使用します。
「消火栓始動」………受信機で消火栓ポンプを始動させるためのスイッチです。
「移　　報」…………建物内の副受信機や他の建物の受信機へ火災発生を報知するスイッチです。
「一斉鳴動」…………感知器よりも早く火災を発見した時に全館のベルを鳴らすスイッチです。

2 初期消火訓練

　事業所において、初期消火活動に使用する消防用設備等としては、消火器・屋内消火栓が一般的でよく見かけることと思いますが、皆さんの事業所でも従業員全員が、この消火設備を使いこなせるよう消火器及び屋内消火栓の取扱いについての説明要領は次のとおりです。

(1) 消火器

　ア　取扱説明

　　　消火器は、消火薬剤、放射能力、操作方法等で区分されます。取扱説明は、事業所内に設置された消火器の種類に応じて行いますが、一般的には粉末消火器と泡消火器が大半を占めていますので、主にこの2種類の消火器について取り上げます。

　◉　火災適応性

　　　消火器のラベルに表示されている絵表示の適応火災（下欄参照）について、それぞれがどの火災に対する適応性を意味しているかを説明します。特に、泡消火器は、水系消火器のために感電の危険性を有している点で、電気火災に適応性がないことを粉末消火器と比較しながら説明します。

　◉　放射能力

　　　粉末消火器と泡消火器の放射距離と放射時間について、平均的な数字を示し、消火器の持つ消火能力の限界を理解させます。

〔表示と適応火災〕

火災の区分	A火災（普通火災用） 木、紙、繊維、樹脂類など	B火災（油火災用） ガソリン、灯油、天ぷら油など	C火災（電気火災用） 配電盤、変圧器、コンセントなど
絵表示	炎は赤色、可燃物は黒色、地色は白	炎は赤色、可燃物は黒色、地色は黄色	電気の閃光は黄色、地色は青色
改正前の表示	ⓑ地に、普通火災と黒色	ⓨ地に、油火災と黒色	ⓑ地に、電気火災と白色

《参考》

種別	消火薬剤	火災適応性	放射時間	放射距離
ABC（BC）粉末消火器	粉末系	A・B・C （B・C）	12秒～17秒	3m～7m
泡消火器、強化液消火器 酸アルカリ消火器	水系	A・B	30秒～60秒	6m～10m
二酸化炭素消火器 ハロン1301消火器	ガス系	B・C	15秒～60秒	1m～3m

◉　構造・操作方法
　　操作の順序に従い、粉末消火器と泡消火器の各部の名称やそれぞれの働きについて説明します。
イ　指導要領

粉末消火器（加圧式）

◉　構　造

　　この消火器は、粉末ＡＢＣ消火器といいます。粉末消火器は、容器内に窒素ガスが封入された「蓄圧式」と二酸化炭素のボンベを内蔵した「加圧式」の２種類に分けられ、この消火器は「加圧式」のものです。
　　構造は、このレバーを握ることにより加圧用ボンベに穴があき、その圧力で粉末の消火薬剤がノズルから放射できます。

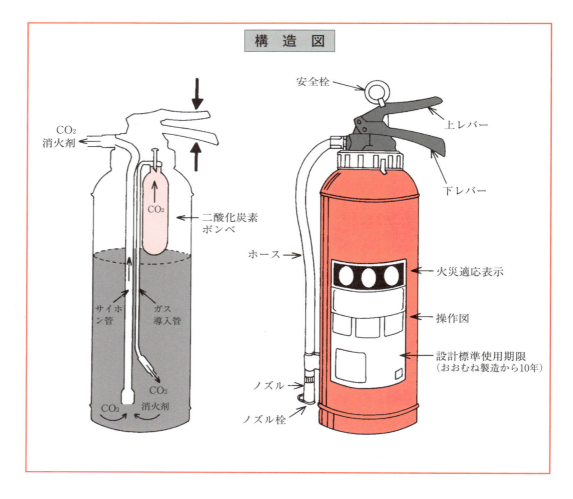

構造図

⦿ 火災適応性・放射能力

　このラベルを見てください。ここに3つの絵表示があります。これが、この消火器がどのような火災に使用可能かという適応性を示しています。A火災は木材や紙などの普通火災、B火災はガソリンや灯油などの油火災、C火災は配電盤や変圧器などの電気火災に使用可能であることを示しています。つまり、この消火器は特殊なものを除いてほとんどの火災に使用することができます。

　次に放射能力ですが、大型消火器でなければ、一般に放射距離では5m前後、放射時間では15秒前後になっています。しかし、有効に消火をするためには、火炎から3mぐらいまで接近して放射しなければなりません。

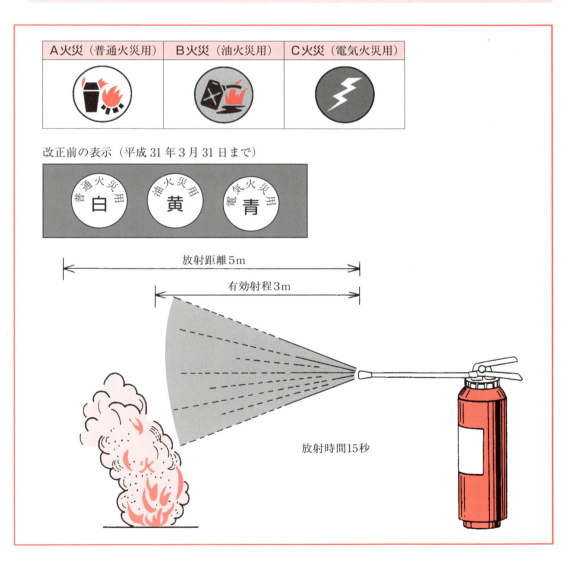

◉ 操作方法

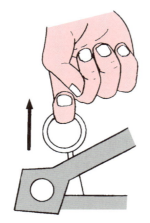

操作方法は、とても簡単です。
風上側より火炎まで約３ｍの位置に近づき、
①　安全栓をはずします。
　安全栓は誤って放射することを防ぐためのもので、いろいろな種類のものがありますが、最近のものは上抜き式に統一されています。この消火器は、上抜き式ですので、リングを上方へ引いてはずします。上下のレバーを強く握っていると、はずれにくいので注意してください。

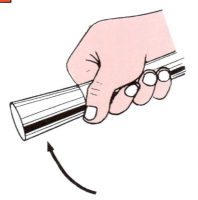

次に、
②　ホースをはずし、ノズルを火炎に向けます。
　ホースは必ず先端の方を持ってください。ノズル先端のノズル栓は、ガスの圧力で抜けますからはずす必要はありません。

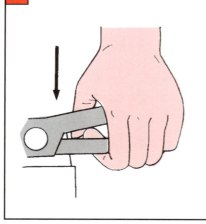

最後に、この
③　上下のレバーを握る　と
消火薬剤が放射されます。
　握力のない方は、消火器を床に置いて上レバーに体重をかければ放射できます。

　以上が消火器の操作方法ですが、３つの簡単な操作ですので、落ち着いて操作してください

⦿ 消火方法

　消火方法としては、煙に惑わされずに火炎の根元をなぎはらうように放射します。できるだけ多くの本数を、連続して集中的に放射すると効果的です。

　注意事項として、粉末消火器は、水のように浸透性がありませんので、燃焼物の中心まで完全に消すことができない場合があります。再燃させないためにも、消火器を使用した後、水を十分にかけておくことが大切です。

　それでは実際に消火していただきますので、事前に指名されている方は、各自、消火器をお持ちください。1つのオイルパンに対し、2名ずつで消火しますから2列縦隊に並んでください。

　オイルパンに点火したら合図をしますので、オイルパンの約3m手前まで走っていき、説明したように操作して消火してください。

泡消火器

◉ 構　造

　この消火器は、泡消火器です。
　構造は、外筒と内筒の二重構造になっており、消火器を逆さにすると内筒の蓋がはずれ、外筒薬液と内筒薬液が混合され、化学反応により発生した二酸化炭素の圧力で泡を放射するようになっています。

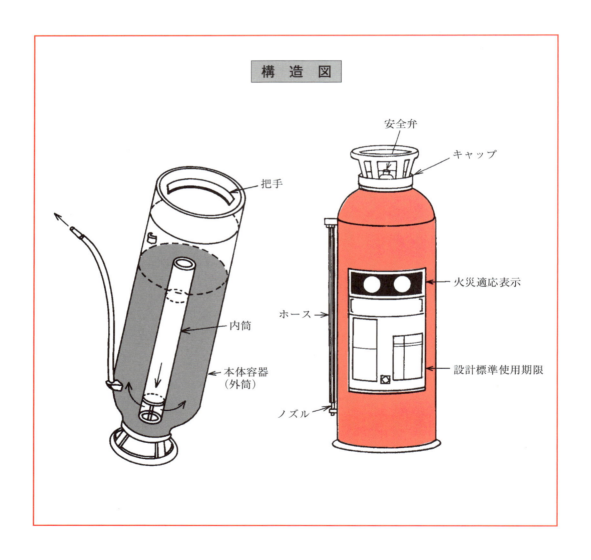

構　造　図

◉ 火災適応性・放射能力

　このラベルを見てください。粉末ＡＢＣ消火器と違って絵が２つしかありません。つまり、普通火災や油火災には使用できても感電の危険性から電気火災には使用できないわけです。しかし、二酸化炭素を含んだ粘着性の強い泡には高い窒息効果があります。

　次に、放射能力ですが、粉末消火器よりは放射距離も放射時間も長く、一般に放射距離で８ｍ前後、放射時間で50秒前後になっています。しかし、操作に時間が多少かかり消火器自体が重いこと、また即効性の点では、粉末消火器に劣り、特に女性には扱いにくいといえます。

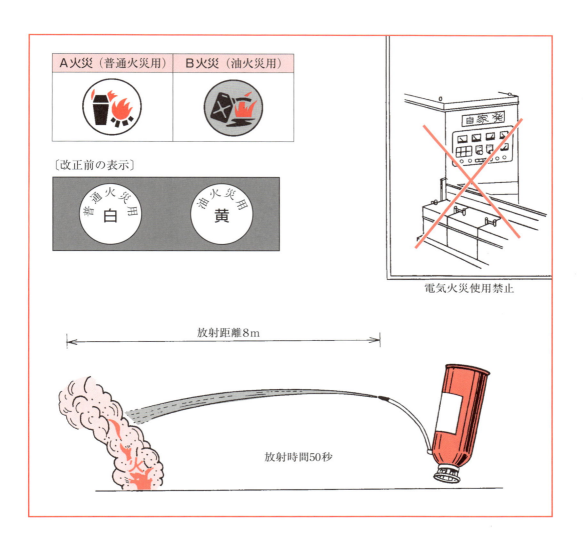

◉ 操作方法

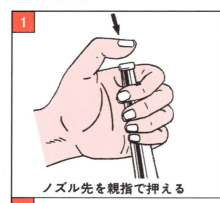
ノズル先を親指で押える

消火器を倒す

底の把手をつかみ逆さにする

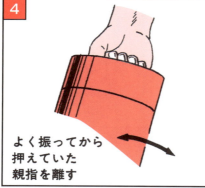
よく振ってから押えていた親指を離す

操作方法は、まず左手でホースの先端を持ち
① ノズルの放出口をしっかり押さえます。
次に、
② 消火器を倒しながら
右手で
③ 底の把手をつかんでひっくり返します。
　なお、安全装置のついている「破蓋転倒式」の消火器の場合は、上部の安全キャップをはずし、押金具を強くたたいてから倒します。

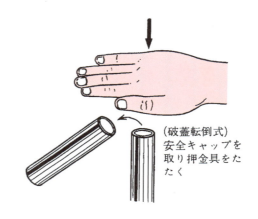
（破蓋転倒式）
安全キャップを取り押金具をたたく

　この状態で、内筒液と外筒液がよく混ざり合うように
④ ２～３回上下に振ってください。
　すぐに消火器内部の圧力が高まってきますから、指で押さえきれなくなったら、ホースを火炎に向けて指を離せば棒状の液が放射されます。

◉ 消火方法

　　泡消火器は、その構造から、倒して運ぶと火点に達する前に発泡してしまいます。ですから、運ぶ時には傾けないようにまっすぐにして運んでください。

　　消火時に注意することは、窒息消火するため燃焼物の表面を泡で覆うように消火することです。特に油火災の場合は、放射圧力で油面をかきまぜてしまうと火は消えません。泡を浮かしながら油面を覆っていくつもりで消火してください。

　　次に、泡は性質上浸透性が低いので、油火災のような液体表面で燃えている火災には適しているのですが、木材等では表面は消えても内部は消えていないことが多くあります。再燃することのないように、消火後は粉末消火器と同様に水をかけておくことが大切です。

　　それでは実際に消火していただきますので、事前に指名されている方は消火器をお持ちください。

　　オイルパンに点火したら合図をしますので、先ほど説明したように運び方に注意して消火してください。

ウ　指導上の注意

- 風向きに注意し、薬剤が飛散して見学者にかかったり、道路などに流れ出ないようにする。
- 同時に多数の消火器を放射させない。
- 粉末消火器の訓練を先に行う。（泡消火器を放射すると、泡を処分しない限り、再点火が困難となる。）
- 模擬火災に使用する油類は、オイルパンから離して置くこと。（引火防止）
- 油類を再注入する時は、オイルパン内の火が完全に消えていることを確認して風上側から注入する。
- 訓練時の服装は、活動しやすいものとし、化学繊維のものを避ける。
- 女性にも積極的に訓練に参加してもらう。
- 訓練終了後は、引火しないことを確認して廃油等を処分する。
- 使用後の消火器は、業者に事前に連絡しておき、その日のうちに詰替えを行い、所定の位置へ戻しておく。

(2) 屋内消火栓

　屋内消火栓設備には、消火能力に重点を置いた1号消火栓と操作性を重視した2号消火栓があります。

　1号消火栓は、使用に際し消火栓箱内のホースを取り出し、引き延ばしてからでないと放水ができないという構造上の理由から、操作は原則として2人以上が必要であり、その取扱いについては熟練が必要です。

　2号消火栓は、旅館、ホテル、病院、社会福祉施設等の施設で、従業員が少ない夜間等でも使用できるよう、ホースの取扱いが容易に行えるようホースリール等に収納され、ホースの延長操作等と連動して起動するなど、1人でも操作することできますが、設置できる防火対象物には制限があります。

ア　取扱説明

　消火栓の訓練に際しては、できるだけ放水するように努め、放水による反動力等を実際に体験させると効果的です。説明する項目は次のとおりです。

◉　構　造

　屋内消火栓は下記のように構成されています。各部の名称と働きについて、放水されるまでの過程を追って簡単に説明します。

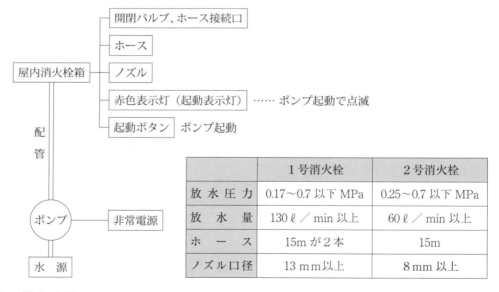

	1号消火栓	2号消火栓
放水圧力	0.17～0.7 以下 MPa	0.25～0.7 以下 MPa
放水量	130ℓ／min 以上	60ℓ／min 以上
ホース	15mが2本	15m
ノズル口径	13mm以上	8mm以上

◉　操作方法

　1号消火栓の操作には、基本的な諸動作を身につけるため、4人で行う方法と、人員の確保ができない場合を考えて2人で行う方法とがあります。

　それぞれの動作ごとの要領や注意事項を実際に行動させながら教えていきます。

4人で操作する方法はP80の4人操法のとおりですが、操作技術の取得状況や従業員数に応じて、2人で操作する方法も順次指導していきます。
イ　指導要領
　次に1号消火栓の2人操法の説明例を示しますので、事業所に設置されている機種等に応じて内容を工夫してください。

◉ 屋内消火栓の構造説明例

　これが屋内消火栓です。屋内消火栓は、消火器では消火不能となった火災、つまり建物自体が燃え始めたような火災の消火を目的とした設備です。
　構造としては、地下の水槽を水源として、地下2階の機械室にある加圧送水ポンプにより、各消火栓に送水する仕組みになっています。1号消火栓の放水能力は、毎分130ℓ以上の水を放水することができます。有効射程距離も長く、また可変式ノズルを使用することにより、棒状注水や噴霧注水にすることもでき、初期消火には極めて効果の高い設備です。

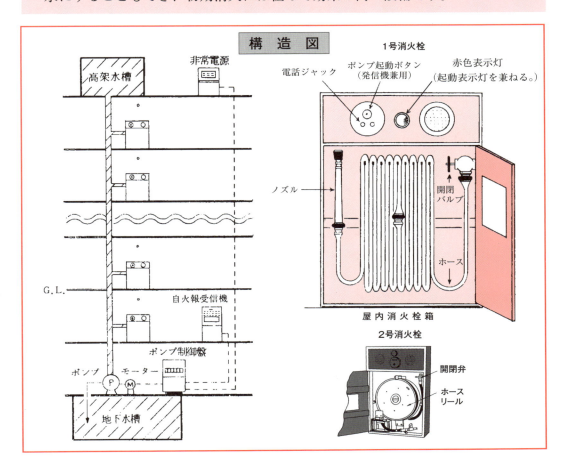

◉ 操作方法

操作は、基本的には4人（指揮者、筒先員、筒先補助員、バルブ操作員）で行います。しかし、緊急時には、2人でも使用できるように操作に慣れておかなければなりません。

　今回は、2人で操作する場合の方法について説明します。

　それでは、筒先員をA、バルブ操作員をBとして、係員に動作をしてもらいながら説明していきますのでよく見ていてください。

（ホース延長）
　まず、火点の近くで延焼する危険がないと思われる消火栓を選定します。最初にBが消火栓の扉を開けます。次にAは、

① ノズルとノズル側のホースをはずし、脇にかかえて火点に向かって走ります。

同時にBは、

② バルブ側のホースをはずし、1～2mの余裕ホースをとります。

ホースが極端に折れ曲がるのを防ぎます。

（放水姿勢）
　Aは、放水地点に到着したら、

③ 放水体勢（腰を落として軽く前傾する。）をとります。

Bに「放水始め」と合図をします。

　Bは、Aの合図を確認した後、「放水始め」を復唱して、

④ 送水ポンプの起動ボタンを押します。

⑤ バルブを開け、

ポンプが起動すると、この赤色表示灯が点滅しますから起動を確認してください。

　Bは、送水されたことを確認後、Aの放水地点まで行き、

⑥ Aの補助（Aの約1m後方でホースの反対側に立ち、前傾姿勢をとって保持する。）に入ります。

（放水停止）
その後、放水を中止する時や火災が鎮火した時は、AはBに「放水やめ」と合図し、Bはそれを復唱した後、消火栓まで戻ってバルブを閉めます。

　以上が2人で行う屋内消火栓の操作方法です。

　なお、操作に際しては、安全管理の観点からも少しでも人員が多い方が望ましいことは言うまでもありませんが、操作方法をマスターしてお互いの危害防止に留意すれば、2人でも十分にその役割を果たすことができるのです。

ウ　指導上の注意
- 可変式ノズルの場合は、棒状注水と噴霧注水の違いを観察させる。
- 放水したままで筒先員を交代させる時は、交代員がホースの反対側から確実にノズルを保持するまで、絶対にノズルを手離さないよう指導する。
- ホースを増加する事態に備えて、その要領（開閉バルブを閉鎖して、ノズル側ホースに接続する。）を理解させる。
- ポンプの停止方法をよく理解させる。ポンプは、起動ボタンをOFFにしても停止しないので、ポンプの制御盤で停止させる。
- ポンプを緊急停止しなければならない事態に備え、ポンプ室等に係員を配置する。
- 放水により、近隣の事業所や住宅に迷惑をかけないように十分配慮する。

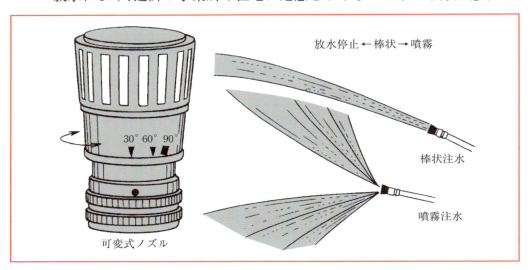

《参　考》

注水別の特性

棒状注水
- 射程が長く、風の影響を受けにくいので、火勢が強くて接近できない場合に有効
- 水圧による破壊力が強い反面、反動力が大きくて筒先保持に力が必要
- 注水は、燃焼物自体に直接放水する。

噴霧注水
- 射程は短いが、水が分散されて蒸発による冷却効果が高い
- 棒状注水に比べて水損が少ない
- 煙の排除に適する

3 避難誘導訓練

　避難誘導の諸原則の中で重要なのは、「人」の行動はフール・プルーフ（フールな状態になっても心配のない意味）を目指すものであり、「物」いわゆる設備・器具については、フェイル・セーフ（失敗しても大丈夫）を目指すものであるということです。

　言いかえれば、避難誘導を行う「人」が日常の訓練に基づき反射的かつ正確に安全な方法（物）で顧客等の避難を実現させることができると言えます。

　また、「物」については、最も安全確実なのは自分の足で「階段」を使って避難する方法であり、避難器具にたよるのは、階段が使えない場合の最後の手段であることを認識しておく必要があります。

(1) 誘導員による避難誘導要領

　効果的避難誘導を行うには、誘導を行う地点や、避難をさせる方向等が重要な要素です。また、出火階及び直上階を優先して避難誘導を行います。

　ア　誘導員の配置

　　誘導員は、効果的誘導が可能な次の場所に配置します。
- 通路の曲がり角及び階段入口
- エレベーター及びエスカレーター前
- 避難状況の連絡可能な非常電話等の設置場所

　イ　誘導要領

　　誘導は、次の事項を原則として行います。
- 地上へ避難させる。（避難不可能の場合は屋上へ避難させる。）
- 屋内（外）階段による避難を主とし、避難器具等は階段が使用不能なときのみ用いるようにする。
- エレベーターは避難階へ直行させて運転停止し、エスカレーターは乗降わきの「緊急停止ボタン」を押して停止する。
- 避難者が多数で、全員を同時に避難させることが困難な時は、出火階より下の安全な階へ一時避難させる。
- 火災の状況を拡声器等で避難者に知らせると共に、具体的な行動を指示してパニックを防止する。
- 避難は一か所の階段や出入口に集中させないように分散させて行う。
- 煙がダクトを通って広がらないように、空調設備を停止するとともに、逃げ遅れた者の有無を確認した上で防火戸を閉鎖する。

> 〈事例〉 エレベーターを使用して死者が発生した事例
>
> 　8階建てのビルの7階でマージャンをしていたが、暑さのため場所を3階に移動し続けていた。しばらくして7階のタバコの吸いがらをすてたくずかごから出火し通りがかりのタクシー運転手に火災を知らされた。火災を知った4人はエレベーターを使用して7階まで昇ったが電気が切れて、エレベーターのドアが半びらきのまま7階に停止し、濃煙と熱気により1名が死亡、3名が負傷した。

(2) 放送設備による避難誘導要領

　放送設備による誘導は、火災の状況を的確につかんだ上で実施しないと、逆にパニックによる人的被害を招くおそれがあります。放送要領は前第4・1・(4)を参考にして行いますが、パニックを防止するために、次の各点に留意してください。

- 放送は、簡潔でわかりやすい内容とし、同一内容を2回以上繰り返す。
- 早口を避け、落ち着いた命令口調で自信を持って放送する。
- 放送者は、できる限り同一人物とする。
- 避難方向を分散させ、係員の指示に従わせる。
- 指示する避難経路が安全であることを具体的に説明して、落ち着いて避難させる。

(3) 人員の把握と報告要領

　誘導員は、避難者を誘導するだけでなく、要救助者の有無を確認して避難状況を確実に自衛消防本部へ報告しなければなりません。確認の要領は次のとおりです。

- 避難者から、要救助者の情報を聴取する。
- 地区ごと、階ごとに確認範囲を分担する。
- 常に退路を確保しながら、複数で行動する。
- 確認結果は、誘導員のリーダーを通して自衛消防本部へ連絡する。

(4) 避難器具による避難要領

　避難器具は、建物の用途や設置階数に応じていろいろな種類のものがありますが、ここでは代表的なものとして、救助袋と緩降機の部分別名称とそれを活用した訓練方法について説明します。

ア　部分別名称

(ア)　救助袋は窓ぎわに固定して設置し、避難の際は布製の袋を降下させて、その中を滑り降りるもので、斜降式と垂直式があります。

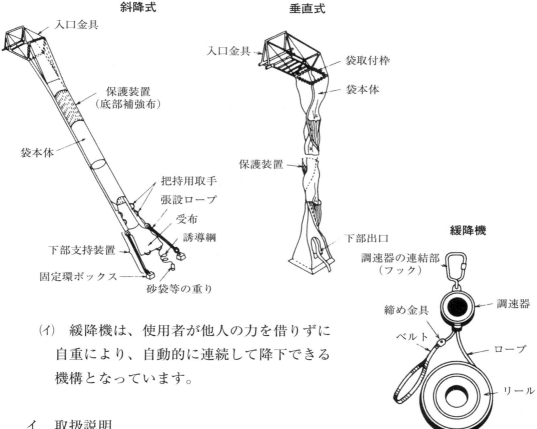

(イ)　緩降機は、使用者が他人の力を借りずに自重により、自動的に連続して降下できる機構となっています。

イ　取扱説明

救助袋、緩降機ともに、その設定と降下の要領及び操作上の注意事項については、次のような順序で説明します。

1　設置場所において、器具の構造及び操作要領を実際に手本を示しながら説明する。
2　地上の係員（2名）と連絡をとり、降下準備の完了を確認する。
3　経験者を1名指名し、降下要領の説明に従って実際に降りさせる。
4　降下する者を除き、地上の降下地点まで移動させる。
5　各自の服装を再点検させた上で、地上の係員と連絡をとりながら、一人ずつ降下させる。
6　全員が降下したら、地上の確保員の役割等について説明する。

ウ　指導要領
　　避難器具の説明例を次に示しますので、設置されている種類に応じて行ってください。

斜降式救助袋

説　明　例

　　ここに設置されている避難器具は、「斜降式救助袋」といいます。救助袋は、火災により階段が火や煙に包まれて使用できない場合に用います。この中の救助袋を地上へ斜めに張って固定し、その中を滑り降りて避難する仕組みになっています。
　　それでは、取扱要領をこれから順を追って説明していきます。
　　まず、このキャビネットを手前に引き、操作に支障のないところへ移動させます。

(設定要領)　① キャビネットの中はこのようになっています。

　　ここに救助袋を固定している布バンドがありますから、これを手前に引いてはずします。
　　次に救助袋の先端についている

② 砂袋のついた誘導ロープを地上の係員の方へ投下します。

　　この時には、「誘導ロープ投下」と叫んで地上の注意を喚起し、砂袋が通行人等に当たることのないように十分注意してください。
　　地上の係員が、誘導ロープを確保して固定場所の方へ引っ張っていきますから、誘導ロープにより救助袋の展張障害等がないことを確認したら、「救助袋投下」と叫んで、

③ 袋本体を徐々に降ろしていきます。

　　降ろす際には、袋と窓枠との間に手をはさんだりして、けがをしないように注意してください。
　　袋本体を降ろし終わったら、

④ この袋支持枠を起こして
⑤ 窓の外へ出して救助袋が固定されるのを待ちます。

　　これで、降下準備が整ったわけです。
　　次に降下する要領ですが、

(降下要領)　⑥ 進入口の取付枠の上部をつかみ、足の方から入ります。

　　両手でこの枠を握り、降下姿勢を整えます。降下姿勢は、

⑦ 両手を頭の上に真っすぐ上げ、体を伸ばした姿勢をとります。

　　つま先は少し上向きにしてください。降下姿勢がとれたら、枠を離して降下します。降下速度は、

⑧ 両ひじを張るか、両足を開いてブレーキをかけ、調整します。

　　以上が「斜降式救助袋」の取扱要領です。それでは、実際に降下してもらいますから、私の指示に従って注意して降下してください。なお、下に降りたら、救助袋の固定方法を説明しますので、しばらくお待ちください。

垂直式救助袋

説　明　例

　　ここに設置されている避難器具は、「垂直式救助袋」といいます。救助袋は、火災により階段が火や煙に包まれて使用できない場合に用います。構造を簡単に説明すれば、布の筒の中にらせん状のすべり台がついていると考えてください。
　　それでは、取扱要領をこれから順を追って説明していきますから、よく覚えておいてください。
　　まず、このキャビネットを手前に引き、操作に支障のないところへ移動させます。

（設定要領）

| ① | キャビネットの中はこのようになっています。 |

　　ここに袋を固定している布バンドがありますから、これを手前に引いてはずします。次に救助袋の先端部にある

| ② | 砂袋のついた誘導ロープを地上へ投下します。 |

　　この時には、砂袋が当たると大変危険ですから、投下する場所に人がいないかどうかを必ず確認してください。
　　誘導ロープにより袋の展張障害等がないことを確認しながら、

| ③ | 袋本体を徐々に降ろしていきます。 |

　　降ろす際には、救助袋と窓枠との間に手をはさんだりして、けがをしないように十分注意してください。
　　袋本体を降ろし終わったら

| ④ | この袋支持枠を起こして窓の外へ出します。 |

　　（ステップ付のものはステップを引き起こす。）これで、降下準備が整ったわけです。次に降下する要領ですが、

| ⑤ | 進入口の取付枠の上部をつかみ、足の方から入ります。 |

　　両手でこの枠を握り、降下姿勢を整えます。降下姿勢は、

（降下要領）

| ⑥ | 両手を頭の上に真っすぐ上げ、やや腰を引いた姿勢をとります。 |

　　つま先は前に伸ばしておいてください。降下姿勢がとれたら、枠を離して降下します。降下して、袋の下部の受け布まで到着したら、

| ⑦ | 脱出用のロープがありますから、それを握って外へ出ます。 |

　　この時、袋はかなり揺れていますから、転倒しないように注意してください。
　　以上が「垂直式救助袋」の取扱要領です。それでは、実際に降下してもらいますから、私の指示に従って注意して降下してください。

緩降機

説　明　例

　　ここに設置されている避難器具は、「緩降機」といいます。緩降機はつるべ式の井戸のような原理になっており、滑車の代わりに降下速度を制御する調速器がついています。つまり、桶の代わりに人が交互に降りる仕組みになっているわけです。
　　それでは、取扱要領をこれから順を追って説明していきます。
　　まず、このキャビネットを手前に引き、操作に支障のないところへ移動させます。キャビネットの中には、

(設定要領)
> ① 緩降機の格納箱とそれを固定するための取付器具が入っています。

　　最初に、取付器具を設定します。器具本体を引き上げるとともに、

> ② 取付用アームを窓の外へ出します。

　　しっかりと固定されたかどうか点検してください。
　　次に、緩降機を取り出し、

> ③ 取付用アームのつり輪に緩降機のフック（カラビナ）を掛けて安全環を確実に締めます。

　　緩降機を取り付けたら、

> ④ リールのついた方のロープを地上の安全を確認しながら投下します。

　　投下したら、ロープのねじれやからみがないか、降下する空間に障害物等がないかを確認してください。
　　最後に、

(降下要領)
> ⑤ ロープを引っ張って調速器の作動状況を点検すれば、設定完了です。

　　それでは次に、降下する要領を説明します。まず、ベルトの調整環を緩めて頭からかぶります。ベルトがねじれないように

> ⑥ 脇の下に装着して、ベルトの調整環を苦しくない程度に締めます。

　　これで降下準備が整いました。
　　少しロープを引き出して、片手で調速器の下30cmぐらいの位置で2本のロープを握り、窓枠に乗り移ります。

> ⑦ 両手でロープをしっかり握ったら、お尻の方から窓の外へ乗り出します。

　　片足ずつ壁に沿って足を降ろしたら、体の揺れを止め、両手を離してください。
　　降下する時の姿勢は、

(降下姿勢)
> ⑧ 両手を斜め前に広げ、両足を少し開いた姿勢をとります。

　　両手を手前に広げずにロープを握ったままですと、体が回転して壁に当たるので危険です。軽く手足を使って、壁をはい降りるような気持ちで降りてください。降下速度はゆっくりとしたものですから、心配はありません。
　　以上が、緩降機の取扱要領です。それでは、実際に私が降りてみますから、説明した内容を確認しながら見ていてください。

エ　指導上の注意

避難器具の訓練時には、次の各点に注意して指導してください。

- 単に避難器具の使用体験だけを目的とせず、器具の機能や操作技術及び管理上の注意事項を含めて指導する。
- 避難器具は、階段等が使用不能となった時の最終手段であることを認識させる。
- 避難器具が多数の階に設置されている時は、できるだけ低層階のものを使用する。
- 降下は必ず一人ずつとし、設置階と地上の係員の連絡を確実にして危害防止を図る。特に、緊急事態に備えて、警笛等による訓練停止の合図を取り決めておくこと。
- 訓練終了後は、各部の点検をした上で、確実に収納する。
- 避難器具の訓練をする場合は、点検業者等の立会いのもとに実施することが望ましい。

〈事例〉　**救助袋による訓練中の事故事例**

校舎4階の救助袋の降下口から5メートル下の部分の縫合部の糸が約5メートルにわたりほつれて穴があき、生徒2名が落下し重傷を負った。

当日、訓練開始後87名の降下が終り88番目の生徒が降下中、縫目がほころびるような物音を感じたと同時に右足を側面外部に出したまま5メートル程度降下し、その位置で一旦停止した後、地上高約4.6メートルの位置から落下した。89番目の降下者は連続降下をしていたため制止も間に合わず地上高約7.9メートルの位置から落下負傷したもの。

■ リーダーの役割

第1 災害時における指揮

1 リーダーの必要性

　自衛消防の組織の任務は、簡単にいえば、火災等の災害が発生した場合に、その保有する人員や装備を有効に活用して、人的・物的損害を最小限にとどめることです。
　とはいうものの、実際には急激な状況変化を伴う災害に立ち向かい、自分たちの力で、しかも限られた人員や装備ですばやく活動することは、大変難しく危険も伴います。そのような状況の中で自衛消防活動の効果を十分にあげるためには、優れたリーダーを必要とします。以下、自衛消防の組織のリーダーについて考えてみることにしましょう。

2 指揮能力

　ひとたび災害が発生すると、リーダーは組織を有効に活動させるために、様々な指示や命令を行わなければなりません。こうした指示や命令を行うことを「指揮」といいます。「指揮」などという言葉を聞きますと、消防や警察など、もともと治安活動をする組織体にのみ必要なものであって、一般事業所では、なじみが薄く形式的に過ぎるのではないかとの疑問をお持ちになるかもしれません。
　しかし、リーダーのしっかりしていない組織は、リーダーがいないのと同じで組織体としての機能が失われてしまいます。消防計画には、自衛消防の組織の機能とともに、構成員一人ひとりがイザというとき、どのように行動するのかという任務分担や活動の基準などの、いわゆる事前命令が定められていますが、現実に燃えさかる火、逃げ惑う人々といった混乱した状況の中で、どれだけの人が間違いなく自分の行動をとれるでしょうか。また、リーダーも、災害発生という異常な状況の下で、隊員を指揮して有効な消防活動を行わせることに、非常な精神的重圧を負わされることとなります。しかし、このように状況が困難であるからこそ、よりいっそうリーダーは指揮能力を発揮して、組織の力を一つに結集させ、災害に立ち向かっていかなければなりません。災害が大きくなればなるほど、また複雑になればなるほど、この指揮能力が重要となってくるのです。
　それでは、指揮能力とは一体、どのような能力のことをいうのでしょうか。まず、災害現場にあるリーダーは、直ちに自己の配下にある隊の任務または配置を決定し、命令しなければなりません。また、自衛消防活動中、突発的な現象に直面したり、活動に影響を及ぼすような重大な情報に接したりした場合などにおい

て、リーダーがしなければならない最も重要なことは、指揮下にある隊または隊員の行動を迅速に決定することです。「決断力のない隊長は、誤った決断をする隊長よりも劣る」（川喜多二郎著「チームワーク」）という言葉がありますが、火災の成長性、不安定性に対面する自衛消防の組織にとっては、まことに金言であるといえます。

> **指揮能力の3要素**
> ① 迅速な決断力
> ② 冷静な判断力
> ③ 旺盛な責任感

　決断の内容は、もちろん事態に即した適切な内容でなければなりませんが、とっさの場合に完璧なものを求めるのは無理です。ちょっとした指揮のミスは、緊急の場合には、やむを得ないでしょう。リーダーが確固たる決断を下せば、隊員の信頼を得るとともに組織の士気を高め、それがひいては有効な自衛消防活動につながるのです。

　しかし、ここで注意しなければならないのは、緊急時であることを理由にして誤った命令を出してしまうと、隊員の生命を危険にさらすということです。リーダーは、常に周囲の状況を冷静に観察し、判断しなければなりません。このような冷静な判断力は、生まれつきのものではなく、様々な被災体験、リーダーとしての多くの訓練、そして燃焼理論などに対するふだんからの地道な学習によってはじめて培われるものなのです。

　最後に忘れてならないことは、隊員が安全に活動できるかどうか、また発生した災害を鎮圧できるかどうかの鍵は、自分が握っているのだという旺盛な責任感をリーダーがもつことです。たとえ、隊員一人ひとりが優秀で、装備がりっぱであっても、組織の頂点に立つリーダーが、優柔不断で、責任感に欠ける人物であっては、怒とうのように押し寄せてくる災害に、真っ向から立ち向かっていける有能な自衛消防の組織をつくることはできないのです。

第2　平常時における教育

1　教育の必要性

　これまで、災害時における役割という点に内容をしぼって、お話を進めてきました。これからは、平常時におけるリーダーの役割 —— 隊員及び従業員に対する教育 —— について述べていきたいと思います。

　どのような組織でもそうなのですが、自衛消防の組織のように、緊急時に迅速で的確な行動を求められるものにあっては、特に平素からの訓練や隊員一人ひとりに対する、きめの細かい指導や教育が必要となります。それでは、どのようにしたら、効果的な教育が行えるのでしょうか。まず考えられることは、当然のこ

とながら、リーダーが教育に対して情熱をもち、自己啓発に励まなければならないということです。いやしくも人の上に立ち、何らかの知識や技術を人に教えようとする以上、リーダーは、隊員や従業員の何倍も努力しなければなりません。

ただし、ここで注意しなければならないことは、同じことを教えるにしても、教え方しだいで、効果が非常に違ってくるということです。

例えば、自動車の運転を教えようとするときに、いくら口で自動車の構造とかハンドルの動かし方、バックの方法などを説明しても、教えられる人に運転する技術を身につけさせることは困難です。

運転のしかたを教えるには、教えられる人を実際に自動車に乗せて運転させることが最上の方法です。

このように、教育は教える内容によって、講義方式がよいものもあれば、実演方式の方が効果的なものもあります。

また、同じ実演方式でも、練習のさせ方が適切であるかどうかによって、技術を習得する速度に差が出てくるのです。能率の悪い教え方をすれば、教える方のリーダーの苦労が多いばかりか、教えられる方の隊員や従業員の苦労も多く、最後には、両方とも教育への意欲を失ってしまうものですから、リーダーは教育するための技術を身につけることが是非とも必要となってきます。

2 教育をするための技術

ひと口に教育といいましても、学校教育、通信教育、職場教育……というようにいろいろな教育がありますが、その内容を大きく分けますと、

(1) 知識を主体としたもの
(2) 技能を主体としたもの
(3) 態度や価値観を主体としたもの

に分けることができます。自衛消防の組織の教育を考えてみますと、消火器や屋内消火栓、避難器具といった各種消防用設備の操作要領を体得することが基本となりますので、ここでは、(2)の技能を主体とした教育にしぼって、お話をいたしましょう。

「技能」という言葉を聞きますと、一般的に、手・足・指などの運動という面ばかりが重視されます。しかし、例えば、ねじを締めるという簡単な技能をとってみても、ねじの溝を見るということから、ドライバーの先が溝にはいっているかどうかを確認するということまで、知覚と深くかかわり合っているのです。したがって、この技能を主体とした教育については、知覚と運動がうまく結びついて行動できるようにすることが最大の目的で、実習を主体として講義を従として

行うのが望ましい方法であるといえます。

　その段取りとしては、まず技能をいくつかに分け、一つひとつを正しく行動できるように実習を通じて練習させたうえでつなげていき、しだいに高度な技能へと進めていきます。この際に、悪い癖などがつかないようにすることが大切で、もし悪い癖や間違った動作が出てきた場合の矯正法は、意識してその誤った動作や悪い癖でやらせてみることや、そういう動作がどのような結果を引き起こすかをよく教えてやるとよいでしょう。

　なお、こうした技能では、反復練習が絶対に必要で、最終的には周囲の状況をすばやく的確につかみ、それに応じて反射的にからだが動くようにすることが肝要です。"習うより慣れろ"ということわざもありますように、繰り返し練習することによって、はじめて技能を身につけることができるのです。

　ただ、繰返しの練習というのは、新しいものを覚えていくほどおもしろくはありません。このため、それを飽きさせないで練習させるように、練習も同じ方法でなく、形を変えて行うことが必要となりましょう。

　次の段階としては、習得した技能を応用させることです。英会話を例にとってみましても、ただ会話文を知識としてつめこんだのではなかなか身につきませんが、外国へ実際に行ってみて、ホテルの予約をしたり、買い物をしたりして覚えた会話文を応用して使ってみますと、非常に効果的です。

　さらに、タイプを打つ技術をワープロの習得に応用するとかいうようにして、身につけた技能の利用範囲を拡大していくことが、保持をよくするばかりでなく、ほんとうに教育を効果あるものとする方法となるのです。

　最後に、「話の効果をあげる技術」として、隊員や従業員の方を前にして説明などをする場合のポイントを以下に挙げますので、参考としてください。

話の効果をあげる技術

声は大きすぎず小さすぎず、話の内容に応じて、めりはりをつける。
歯切れのよい発音に心がける。
話の内容と進みぐあいに合わせた間とスピードをとる。
自然な身ぶり・手ぶりをつけ加える。
人前であがるのは、当然だと開き直る。
見栄や気負いを捨てて、素直な心になるよう努める。
事前の準備を十分にしておく。

第3 安全管理

1 安全管理の基本原則

　安全管理とは、企業組織が従業員などの身体の安全を守るため、災害の防止処置として講ずる体系的な対策であるといえます。自衛消防活動における安全管理の対策は、その活動環境が一般の場合と比べ、非常に危険性が高く、安全管理の欠如によって生ずる結果は重大なものとなりますから、より重要となることは当然といえましょう。このことは、災害時における活動のみでなく、訓練を実施する場合にもあてはまることです。

　リーダーが隊員の安全確保に十分配慮することはもちろんですが、個々の隊員も勝手な単独行動は絶対に慎しまなければなりません。災害時の自衛消防活動における危険の判断は、直接には係または班のリーダーが行い、全体的には自衛消防隊長またはその代行者が行います。災害時に正しい判断を下すためには、こうした方たちがふだんから自分の事業所において予想される危険や障害に対する措置や防ぎょ行動をよく検討しておかなければなりません。

　自衛消防活動や訓練を行う場合の具体的な対策や注意事項については、以下、順次述べていきますが、基本的な原則事項を次に掲げておきます。

安全管理の基本原則

- 安全管理は、任務を完全に遂行するための積極的な活動対策である。
- 災害現場は、常に大きな危険性があり、一時たりとも警戒心を緩めてはならない。
- リーダーは、隊員をしっかり掌握しなければならない。
- 隊員は、独断的行動を慎しみ、積極的にリーダーの掌握下にはいらなければならない。
- 安全確保の基本は、自己防衛である。自己の安全は、まず自身が確保しなければならない。
- 危険に関する情報は、現場の関係者に迅速に徹底しなければならない。危険を知った者は、直ちに本部や消防隊に報告し、緊急の場合は周囲に知らせなければならない。
- 興奮、狼狽は事故につながる。どんな活動環境においても冷静さを失ってはならない。
- 設備や装備に関する知識の欠如は、事故につながる。機能や性能限界をよく

知り、十分に使えるようにしておかなければならない。
- 安全確保の前提は、気力と体力にある。平素から激動に耐え得る気力、体力と体調を持続しなければならない。
- 事故事例は、かけがえのない教訓である。内容をよく理解し行動指針として生かすように努めなければならない。

2 訓練時の安全管理

訓練の実施にあたっては、絶対に負傷者が出るような事故を起こさないよう、以下の点に注意して、安全管理の徹底を図るように指導してください。

(1) 訓練計画作成時

ア 計画をたてるときは、安全管理に十分配慮したうえで、無理のないように立案する。

イ 訓練の種別にもよるが、初期消火訓練などを行う場合は、極力、平坦で障害物のない場所を選ぶ。また、不整地で行う場合は、つまづき等の事故を防ぐ対策を講ずる。

(2) 訓練実施前

ア からだを激しく動かす訓練の場合は、十分な準備運動をする。

イ 訓練参加者には、訓練にふさわしい服装とはき物を着用させる。

ウ 使用資器材の点検をふだんから励行し、整備不良による事故が発生しないよう心がける。

(3) 訓練実施中

ア 訓練は、迅速さよりも確実性を重点におく。

イ 画一的な安全管理ではなく、参加者の年齢、体力等に応じた安全管理を行う。

ウ 夜間の訓練では、足元が暗く、事故が発生する可能性が高くなるので、よりいっそう安全管理に気をつける。

エ 訓練実施中は、常に何らかの危険がつきまとうので、一瞬たりとも気を抜くことがないよう警戒する。

3 消防用設備等に関する安全管理

最後に、自衛消防の組織が使用することの多い消防用設備等に関して、個別に安全管理上の留意点について述べたうえで、実際に発生した事故例についても紹介したいと思います。

(1) 消火器
- ◉ 事前点検のチェックポイント
  - ノズルのつまりはないか。
  - キャップは、しっかり締まっているか。
  - 消火器本体に、変形、きず等はないか。
- ◉ 安全管理
  - 薬剤を見学者等に向けて放射しない。
  - 消火器は重いので、持ち運びに注意する。
  - 不測の事態にそなえて、他に消火準備をしておく。
  - 集積された可燃物を消火する場合は、目に見えない部分に残火があるかもしれないので注意する。

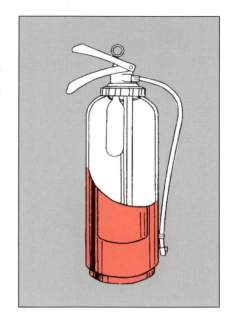

〈事例〉 消火器の破損事例

概要 ： Ａスーパー店員のＢ子さん（31才）が消防署の指導により模擬火災でＡＢＣ粉末消火器（10型）を放射するためレバーを握った瞬間、消火器のキャップが内部圧力によってはずれ、飛散した粉末消火剤が両目に入り受傷したもの。（角膜損傷で全治３日間の程度）
　　　　この事故の原因は、訓練に使用した消火器が薬剤の詰め替えの際、キャップのやま違いを無理に締めたためキャップにき裂が入り内部の高圧力によって離脱してしまい粉末が訓練者の顔面に吹きつけられたものです。
　　　　訓練に使用する消火器は、事前によく点検しなければなりません。特にノズルのつまり、キャップ類の締め具合、き裂の有無の確認が必要です。

(2) 屋内消火栓
- ⦿ 事前点検のチェックポイント
  - ポンプ及びホース等のパッキンは、老化していないか。
  - ホースは破損していないか。
  - ホース及びノズルの結合金具のつめの機能はよいか。
  - 使用する消火栓以外の消火栓の元バルブは完全に閉まっているか。
- ⦿ 安全管理
  - 放水中は、ノズルを絶対に手から放してはいけない。反動力の勢いによって振り回され、大事故につながる。
  - 放水中のホースは、絶対に踏んではいけない。転倒しやすく、負傷するケースが多い。
  - 放水によって路面が滑りやすくなっているので、付近を走る場合には、足元に注意する。
  - ホースを結合し終ったら、必ず引っ張り、確実に結合しているかどうか確認する。

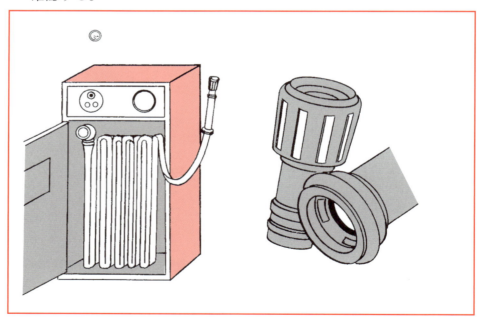

(3) 避難器具
- ⦿ 事前点検のチェックポイント
  - 降下および避難上支障となる物がなく、必要な広さが確保されているかを確認する。

- 破損、汚損、脱落等がないかを確認する。
- 変形、損傷、ほつれ、腐食、著しい吸湿、さび、カビ、油の付着等がないかを確認する。
- ロープ、ベルト等の伸び及び切れ目がなく、結び目が緊結されているかを確認する。
- 変形、損傷、ねじれ、曲り、接合部の緩み等がなく、強度上支障がないかを確認する。
- 回転部が円滑に回転するかを確認する。
- 救助袋の固定環に著しい腐食、変形、損傷、土砂の堆積等がなく、保護おおい等は、容易に開放できるかを確認する。

◉ 安全管理
- 訓練参加者は、手袋や長袖の作業服を必ず着用し、可能な限りからだの露出部を少なくする。
- 袋本体は、先端を繰り出せば残りは自重により自然に降下するので、手や衣服等を巻き込まれないように注意する。
- 訓練にあたっては、指導者を降下口（上部）と地上に配置し（上部指導者は操作員をかねる）、降下技術の指導、降下開始の合図や異常を発見した場合訓練の中止等、安全管理の徹底を図るようにする。
- 降下訓練を実施する場合は、脱出口（下部）付近に保護マット等を配置し、降下者の不測の事故に備えるように努める。

〈事例〉 救助袋で負傷した事例

概要 ： 避難訓練中、4階に設置してある救助袋〔垂直・スパイラル式（右図参照）〕から降下中、女店員Ｈさん（20歳）が袋の中でバランスをくずし、からだが「く」の字に曲がった状態で、かなりの速度で尻から降下し、その際、左手が何かにぶつかり受傷したもの。
（左手第3指第1関節骨折、軽症）

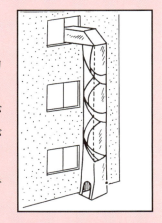

■ 災害発生時の心理と避難行動

第1　人間の心理

1　平常化の心理

　人間というのは、こと自分のことになると非常に自己に都合のよい身勝手な心理展開をするもので、大きな災害などが毎日のように新聞、テレビで報じられても、「自分だけは大丈夫」と思っているのである。タバコを吸って肺ガンになって死亡する確率は吸わない人のそれに比べ、かなりの高率であるにもかかわらず、自分はタバコを吸って肺ガンで死ぬとは思っていないし、ましてや自分の家や会社は火事にはならない、自分のドライブテクニックならば交通事故なんか起こるわけがないと思って毎日暮しており、更には、テレビで交通事故を起こしたひき逃げ犯人逮捕などというニュースを見ては「どうせ逃げたってすぐ捕まるのにバカだな」と思いながら見ているのです。実は、捕まったひき逃げ犯人も、テレビの前の視聴者の時はそう思っていたと思うのですが………

2　心理と五感に関する実験

　次に人間の心理に大きくかかわるものとして五感がありますが、心理を安定させる上で極めて大きな役割を果たしているのです。次のような実験により心理にかかわる五感の役割の一端を知ることができます。

〔実験〕

> 　では、両手を真っ直ぐ前方に水平に出し、こぶしを固く握って下さい。この趣旨は、指先をしばらくの間、不自由にさせるという意図がありますので、こぶしは絶対に静止したままで維持して下さい。次に目をかるく閉じて下さい。目を閉じる趣旨は、視覚的情報を遮断するという意図がありますので、この条件も守って下さい。このような状態で一字の漢字を思い浮かべていただきます。
> 　まず、樹木、草木がありますが、では、木偏にカタカナのハとムを重ねた字は何という字でしょう……………今の字は松です。続いて、木偏にカタカナのノを三つ重ねた字は何という字でしょう……………今の字は杉です。木偏に毎日の毎の字は……………梅です。木偏に名古屋市の市の字は……………柿です。木偏に同じの同の字は……………桐です。木偏に何億、何兆の兆の字は……………桃です。では最後に木偏に何尺、何寸の寸の字では何という字でしょう……………今までたずねた字はごくやさしい当用

> 漢字です。ところが、最後の木偏に寸の場合は簡単な字がなかなか頭に浮かんでこなかったかもしれません。「村」という字ですね。
> 　人間には五感といわれる各種の感覚器官があります。日頃はそれらの五感を使って、見たり、聞いたり、触ったりしています。実験のために手と目の状態は、五感のうちのいくつかを使えない不自由な状態にしたわけです。目を閉じて視覚も使えなかった。ところが、一つの感覚器官が使えなくても、他の感覚器官が代行をします。最初に「こぶしを固く握って静止して下さい。」と言いましたのは、最もすぐれた代行能力をもつ手の指先が代行できないようにしたわけですが、ついつい手を動かしたくなるものです。分からないから手さぐりで字を書こうとしているわけです。目を閉じて手の平に指先で木偏にハム、木偏にノを三つ書くのは、いとも簡単なことです。この指先というのは、第二の大脳といわれるぐらい感覚が敏感です。ですから視覚が使えなくても手（触覚）を使うとすぐに分かるわけです。そうすると残された感覚は耳で聞いた聴覚的刺激すなわち声をたよりに何を問われているか考えなくてはならないわけです。

　この実験にはいろいろな意味が含まれています。五感のいくつかが使えないという不自由な状態にされると、簡単な思考力が鈍ってしまい連想力も低下するわけです。

　ところが、「松ですよ」と情報が与えられると、感覚器官のいくつかが使えなくても、連想が容易となり、二番目の杉のときには比較的早く頭の中に文字が浮かんできます。それは一番目が松だから、今後も同種の字が出てくるであろうと、無意識のうちに予想するのです。そして、これが事実当たった。こうなると、しめたものです。そうか松や杉のたぐいの一字かと。そして、いくつか同種の字が連続し「さあ、何でもこい。」と自信を持ちます。

　ところが、一番最後に木偏に寸という字をたずねられると、変だ、変だと首をひねることになります。頭の中にある倉庫から樹木の一字を探し出す努力をした。しかし、木偏に寸という字など見つからない、おかしい、ひょっとしてそんな字は無いのではと、あせってしまうわけです。木偏に寸という字は存在します。ところが樹木にこだわりすぎるあまり、なかなかこの字が見当らないわけです。

　最後の質問には、さきほどまで続いていたものと異種のようなものなわけです。すなわち横道にずれるわけです。横道にずれると精神力を集中しようとしてもなかなかうまくいかないのです。人間が物事を考える、あるいは、ある事柄を連想

するという精神作用は、一般に意識の作用といわれます。

　この意識の作用が少し横道へずれる。つまり、回り道をするわけです。オーバーに表現すれば迂回であり、それは「自分だけは大丈夫」の自信がもろくも崩れ去る瞬間であります。正しい迂回をすればまだましなケースといえますが、迂回路を誤り、そんなつもりはないのに「ひき逃げ」をもしてしまうのです。

　皆さんの職場などで、仮に火災が発生した場合、初期消火活動をしている職員あるいは、避難誘導をしている職員に意識の迂回という現象が出てくるとどうなるでしょう。エラーやミスが続出し消せる火事も消えず、助かる人も助からないという大きな事故となるでしょう。

第2　避難行動

1　避難行動の特性

　避難行動は安全な地点をめざしての移動行動であり、炎や煙とのレースです。どんな経路を選択するか、どれくらいの早さで移動するのかが重要なポイントとなり、その行動特性には一定のパターンが存在します。

(1) 経路選択のパターン
- 帰巣性 ── 来た道をたどって逃げようとする特性
- 日常動線志向性 ── 日常使い慣れている階段、出口を使って逃げようとする特性
- 向光・向開放性 ── 明るい方向や開放的方向へ逃げようとする特性
- 易視経路選択性 ── 最初に目についた階段などに向う特性
- 近道選択・直進性 ── 近道をしようとする特性とまっすぐの通路などを選択する特性
- 危険回避・安全志向性 ── 煙や炎の危険から遠ざかろうとする特性であり安全と認めた方向へ向う特性
- 追従性 ── 他の人々の逃げる方向についていく特性

(2) 現れやすい特性

　こうした経路選択のパターンはその全てがいつでも現れるわけではなく、発災時の諸条件が重なり合って、いくつかが複合して見られるものであり、代表的な組合わせは次表のとおりです。

条　　件	現われ易い特性	その他の特性
デパート・スーパー、雑居ビルなどの建物に不慣れな客	・帰巣性 ・追従性	・従業員には日常動線志向性が出る。 ・客は、エレベーターやエスカレーターなど来た方向へもどる。
ホテルの宿泊客、地下街の利用客	・近道選択・直進性 ・向光・向開放性	・ホテルの場合には、発災を知るのが遅れるケースが多く「室内とじこめられ」が発生しやすい。
事務所ビルなどの従業者	・日常動線志向性 ・危険回避・安全志向性	・特定の人が多い建物では、比較的安全な避難が期待できる。 ・管理的立場の役職者ほどその責任上避難の遅れるケースが目立つ。

2 避難障害

　避難に際しての心理展開が生死を分けるポイントであるが、その心理展開に大きな影響を及ぼすものが避難障害であり、例えば、やっとの思いで非常口まで逃げのびてきて「助かった。」と思って扉に手をやったところ扉が開かなかったならどうでしょう。

　この人の心理展開は、扉が開かないことで180度違った心理展開をすることに陥り、その瞬間から正常な判断力は消し飛んでしまうでしょう。

　避難障害を大別して構造的避難障害と人為的避難障害に区分することができます。

(1)　構造的避難障害
- 建物の造り（間仕切等）が複雑である。
- 出入口や階段にゆとりがない。
- バルコニーなど消防隊到着までの仮避難場所がない。
- 避難に供する扉が外開きになっていない。
- 工事の手抜きやミスで、予期せぬ方向へ延焼や煙の流入が発生する。
- 新建材の使用による多量の煙の発生。

(2)　人為的避難障害
- 避難路をふさぐ物品の放置。
- 避難口付近に余分な物品を放置する。

- 自火報や非常ベルのスイッチが切られ、発災を知るのが遅れる。
- 非常放送をしたがその内容が悪いため混乱を増幅させる。
- 避難者のエゴがむき出しになり、避難誘導が成立しない。

ここでは、あえて避難障害を区別して記してみたが、人為的障害が積み重なって構造的避難障害となることも十分あることを併せ記しておきます。

3 避難速度

どの方向に逃げるかという問題が、避難の質的な特性にかかわる問題であるとすれば、どの程度の速さで逃げるかという問題は、避難の量的な特性にかかわる問題であり、一般的には下図のような数値で表わされる。

種類	例示	群集の行動能力			
		平均歩行速度 (秒速m)		流出係数 (人／m)	
		水平	階段	水平	階段
自力のみで行動ができにくい人	重病人、老衰者、乳幼児、知的障害者、身体障害者など	0.8	0.4	1.3	1.1
その建物内の位置、経路などに慣れていない一般の人	旅館などの宿泊客、商店、事務所などの来客、通行人など	1.0	0.5	1.5	1.3
その建物内の位置、経路などに慣れている心身強健な人	建物内の勤務者、従業員、警備員など	1.2	0.6	1.6	1.4

＊流出係数とは、通路の幅1mあたり1秒間にさばける人数。

ところでこの値は、実際に動いている時の速度、つまりネットの速度で、避難のために身づくろいをする時間や、避難途中に立ちどまる時間を含んだグロスの速度ではない。また、視界のさえぎられていない状態のものであり、あまり混みあっていない状態のものである。停電で真っ暗になったり、群集が殺到した場合には、この速度は当然ながら変ってくる。

水平歩行の場合、実験や観察の結果をみると、通常の状態で歩行速度は毎秒1～2mといったところである。火災時においても、障害がなければ、ほぼこの値に等しいか、やや早めの値になるものと推察される。

ところが、実際の火災では、停電になったり、煙が入りこんだりして、視界がさえぎられることが多い。視界がさえぎられると、避難速度は低下し、経路を熟

知した人が暗やみを逃げる場合の速度は毎秒0.5〜0.7m、煙の中（減光係数0.6）を逃げる場合の速度は毎秒1.6〜1.8mとなる。また経路をよく知らない人が煙の中（減光係数1.0）を逃げる場合の速度は毎秒0.4〜0.6mとなる。通常時もしくは無障害時に比べて、速度はかなり遅くなるといえよう。

　避難はしごや救助袋を使って逃げるときの降下速度は、下表に示すとおりで、救助袋で降下する方が、はしごを使って降下するよりも速い。

　また、1人の人間がある高さを降下する速さを、階段によって降下する場合と比較すれば、救助袋や緩降機による方が階段によるよりも速い。

　ところが、救助袋やはしごでは、設置のために時間を必要としたり、あるいは離脱のための時間を必要とする。こうした時間をも考慮し、グロスの速度を問題にすると、必ずしも救助袋が速く逃げうるということはできない。

器具別設置時間および避難所要時間

避難器具	設置時間（秒）			避難所要時間	
	経験者	初心者	準備時間（秒）	降下速度 m／S	脱出時間（秒）
斜降式救助袋	89	206	8	1.3	—
垂直式救助袋	58	180	9	0.52	10
緩降機	31	113	29	0.91	12
つり下げはしご（窓枠に取りつけるもの）	85	160	11	0.27	—
つり下げはしご（バルコニーの床にセットするもの）	15	—	5	0.25	—
固定はしご	—	—	—	0.30	—

　グロスの避難速度の問題では、火災を覚知してから避難の行動に移るまでの準備時間や避難途中にしりごみして立ち止まる時間を考慮に入れなければならず、避難に移るまでの行動準備時間として、1〜3分程度をみるのが平均的な姿であるが事例によって大きく異なり、確定的なことはいえない。個人差や事例差が大きくなかには心理的ショックのために立ちすくみ、身動きできなくなる場合さえある。

第3　パニック

1　パニックとは

　パニックについては、明確な定義があるわけではないが、一般的にいわれるものとしては、「危機に直面した集団の、相互作用によって形成された、異常心理状態に基づく不適応行動」などと意味づけられ、いったん群集パニックが生じると、数は力であり、それを制御・統制することは極めて難しいとされている。

　発災時の避難行動の多くは、窓から飛び降りる、便所など奥まった場所に入り込む、といった不適応な行動がみられ、ある調査によると、逃げ遅れてろう城した者の一割が「一瞬、飛び降りたい」と考えたことが明らかになったと報告されており、見逃せない一面をうかがうことができ、鎮火あるいは救出の手が遅れていたならば、実際に飛び降りる者が出るということになります。

　ところで、こうした異常と思える行動はどうして生じるのだろうか。この異常行動が先にのべた危急反応と密接に関わっている。生理的な苦痛が増大し、心理的ストレスがかかると、神経系の疲労や興奮状態が生じ、行動能力や判断能力の低下が生じる。また、環境変化が急激に生じ、性急な対応を求められると、脳細胞がそれに対応できずに、神経回路はダウンしてしまう。このために、正常な判断ができなくなる。これらの結果として、パニックが生じ、異常行動が生じるのであり、1人のパニック「我れ先に」といった異常行動が相乗効果をもたらし、群集パニックとなるのです。

2　人間の密度

　さて、人々が避難する時の密度について考えてみよう。密度は、歩行速度に影響を与えるほか、通過率や群集圧力にも大きな関わりをもち、避難流の物理にとって、極めて重要なファクターである。

　ところで、群集密度の最大値はどれ位かというと、一平方メートルに15人程度であると考えられる、といってもこの値は、一平方メートルの部屋を作り、強引に人を詰めこんで得られたもので、現実にこの密度が生じることは殆ど考えられない。

　実際の歩行流でどうかというと、廊下で身動きができなくなったと感じる状態が一平方メートルあたり9～10人である。またスリ足でどうにか動けるという状態が4～5人程度である。なお、階段ではこの値がそれぞれ、7～8人、3～4人とやや小さくなる。

　ここで、高密度の群衆が避難する場合について、もう少し詳しくみることにし

よう。群集密度が高くなるにつれ、歩行速度が減少することは想像にかたくないが、その関係を避難速度の項、表中の「流出係数」という指標で見てみましょう。

この流出係数というのは、密度と歩行速度の積で与えられ、単位幅あたり単位時間にどれだけの人が通過しうるか、という通過率をあらわしている。廊下や出入口では、密度が5～6人／㎡で、最も効率がよく、毎秒1.5～1.6人が通過しうることになる。

階段では、上りと下りで通過効率を最大とするポイントが多少違っている。下りでは密度が2～3人／㎡で、上りでは5～6人／㎡で、最大通行量1.0～1.1人となる。

ただ注意しなければならないのは、一定密度をこえると、通過率が下がる傾向がみられることである。通過率が下がるのは、過密状態であるがゆえに歩行のためのフリースペースがなくなり、あるいは押しつぶされて体勢が崩されて、進行すること自体がむずかしくなるためである。

3　群集圧力

群集の密度が高くなると、互いの体がぶつかりあうようになり、力の相互作用が生じ、相当な力が加わる。群集が殺到して、階段の手すりが壊れたり、扉がうち破られたりするのは、この力のためである。

この群集圧力が生みだす現象として、念頭に入れておかなければならないのがアーチアクションであり、将棋倒しである。

(1)　アーチアクション

　　広い廊下から狭い廊下に入った時、あるいは狭い出入口に群集が殺到する時互いに押しあって動きがとれない、という状況が生じることがある。それがアーチアクションとよばれる現象である。

　　円滑な人の流れを実現するためには、70cm程度の幅が必要でありかつ、多少の余裕を見込むことがよいものですが、群集圧力はこれら前提条件が全く入り込む余地のない異常事態と言えます。

　　日常生活において見ることのできるこの異常事態で身近なものとしては、電車に乗り込む際に、隊列を作って整然と行進すれば、さして時間がかからないのに、我がちに先を競って押しあうために、かえって時間がかかるのはこのアーチアクションが働いているためである。

　　その成立のメカニズムは、次図に示す通りであるが、群集密度がある程度高くなること（一平方メートルあたり8～10人程度になること）、割込みなどに

より横方向から力が加わること、を成立の条件としている。

アーチアクションがかかって前に進めない

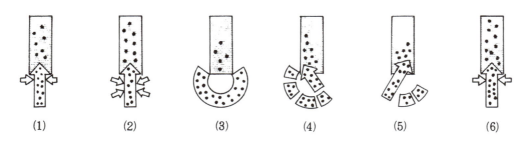

説明
(1)本流が出口に殺到、(2)横からも割り込もうとして、(3)アーチ状になり、(4)左側からこわれ（右足の力が強いため）、(5)どっと押し出される。(6)ところがまたすぐ(1)の状態にかえって第2のアーチができる。

(2) 将棋倒し

　群集流動上最も恐しいことは、将棋倒しが生じることである。

　昭和29年の二重橋事件、あるいは31年の弥彦神社事件、平成13年明石歩道橋事件はあまりにも有名である。建物火災の場合でも、昭和33年の東京宝塚劇場火災、50年のキャバレー「ゴールデンクィーン」火災など、将棋倒しの生じた例は少なくない。

　この将棋倒しがどのような時に生じるか、というと、第1のケースは、先に述べたアーチアクションが崩壊した時で、前方に弾き飛ばされ、支えるものがないので、泳ぐような形になって転んでしまう。1人が転べば、後のものは後方から押されているだけに、次々とつまずいて転ぶ、というケースである。

　第2のケースは、異質流で何らかの契機で先を競うような状況が生じた時で足の速いものが遅いものを押したり、跳ね飛ばしたりするために、老人や子供などが転び、そのあとに転倒者が続く、というものもある。

〈事例〉　明石歩道橋事件

　平成13年7月21日、花火大会を見物しようとJR朝霧駅で降り、幅6m長さ100mの歩道橋を通って会場へ向かおうとした見物客が、混雑で進めない状態になっていたところへ、花火大会が終わって帰ろうとする群衆の流れが、歩道橋の上でぶつかり身動きもできない超過密の中で見物客6、7人が転倒、かろうじて支え合っていたバランスが崩れ、四方八方からねじれるように倒れる群衆雪

崩が発生、死者11人、重軽傷者247人という大惨事が起きた。

　橋の上は1㎡当たり13～15人、一人約130～200kg以上の力を受けた状態で群衆雪崩が発生した。

第4　人間心理から見た避難対策

1　フール・プルーフ

　防災対策において、フール・プルーフという言葉がよく使われる。このフール・プルーフとは、非常事態にあって頭が混乱し、正常な判断ができないような状態、すなわちフールな状態になっても、心配のないようにしておけということである。

　表示板に文字を書くよりも図形や矢印のような簡単な記号で直観的にわかるようにする方がよい、とされるのはこのフール・プルーフを考えてのことである。

　また視覚に訴えるよりは聴覚に訴える方がよい、さらに聴覚に訴えるよりは触覚に訴える方がよいということもできる。

　音声による誘導や、手で指さしたり、手でひっぱって誘導することが推奨されるのは、このためである。

　複雑な操作を伴う装備や使用方法がわかりにくい器具も好ましくなく、千日デパート火災で、救助袋を馬乗りになって使用し、墜落した人がいたが、複雑な操作を伴う装備ではいざという時に間に合わないことを示す例だといえる。

　ところで、フール・プルーフの具体化で最も重要だと考えられるのは、避難行動の特性を考慮にいれて建物をつくることである。

　たとえば直進性ということでは、廊下の端部に階段を設けることが要請される。向光性ということでは、廊下や階段を明るくする、無窓空間を作らないということが求められよう。

　また帰巣性ということでは、エレベーターやエスカレーターの近くに階段を設けなければならない。それが難しい時にはトイレの近くに階段を設けて、トイレに行くという日常動線との一致をはからねばならない。

　フールな状態に対処することも大切だが、フールな状態を生みださないようにすることがより大切だといえる。

　それには、わかりやすい空間、安心感のある空間をつくることであり、錯誤を生じやすい空間、ゆとりのない空間をつくらないこと、階段を遠方からみやすくする、カラーコンディショニングによって経路の識別を容易にするといった、デザイン上の工夫も大切である。

2 フェイル・セーフ

　フール・プルーフという言葉とともに、フェイル・セーフという言葉もよく使われる。ある対策や設備が有効に作用しなくても、他の対策や設備が作用してカバーすれば、大事に到らないということです。

　避難対策についていうと、人命に関わるものであり、かつ最後のとりで的な性格をもつものであるから、それだけ信頼性の高いものにしなければならず、その多重化が求められる。

　この場合、質の違う対策が組み合わされておれば、多重性・信頼性が高まる。

　例えば非常ベル問題でいうと、非常ベルの性能を高めることも必要だが、それだけでは決して十分ではない。非常ベルの性能があがったからといって、その性能を過信してしまうと命を落としかねないからです。

　それゆえ人間の方で、誤報であっても逃げる労を惜しまないようになること、そのための教育を行うこともまた必要でしょう。

　空間対策でいうと、二方向避難の確保をはかることが、特に大切である。建物のどの位置からも二方向に逃げられるように、階段や廊下、バルコニーを配置しなければならないことはいうまでもない。

　情報に対する対策でいうと、自動火災報知設備や放送設備に全面的に依存するのではなく、マンツーマンの情報伝達システムの整備をはかることも必要となる。そのための組織の確立や誘導リーダーの育成をはかることは大切である。また館内電話等を使っての伝達訓練を十分に行い、システムとしての信頼度を高めておくことが望まれる。

　なお、情報伝達に関してつけ加えると、状況を的確に知らせる以外に、これからどうなるかという予測の結果（見通し）を知らせること、また、どういう行動をとるべきかという行動内容を指示することが、重要である。でないと有効な情報伝達にならず、混乱をひきおこすだけのものになる危険がある。

まとめ

　ここでは、災害に伴う避難時における心理展開及びそれに影響を及ぼす事象の紹介並びに心理的側面からみた対策について述べてきましたが、それらにも増して重要なのは、日頃の教育・訓練に、心理等に関する知識をどのように取り入れ、より効果を挙げるかということであり、修得された知識・技術を事業所内で活かされることを切望するものであります。

資料編

Ⅰ　訓練のための基本動作

1　基本動作

　自衛消防活動ではもちろんのほか、自衛消防訓練を行う時にも指揮者の指示や命令で隊員が機敏に動ける節度ある行動が安全管理上必要です。

号令及び命令

(1)　号令や命令は、指揮者が隊員に意図を示達する手段として用いられますが、これを隊員に徹底せしめるためには、指揮者の確固とした決意と厳正な態度が要求されます。

　もし、指揮者が隊員に何をさせるのか不明確であったり、又は示達する時機が不適切であった場合は、いたずらに隊員の行動、動作を混乱させることになって、成果を期待できないおそれがあります。

(2)　号令は、「予令」と「動令」に分けられますが、例えば「右へーならえ」の「右へー」は予令であり、「ならえ」は動令ということになります。この場合、予令と動令との間には適当な間（ま）を置くことが必要です。

　この間は、予令によって命令される内容を隊員が理解し、次の行動、動作に移らせる準備を整えさせる時間的な余裕を与えるためのものです。

　したがって、どのくらいの間が適当であるかは一概に決定できませんが、号令の内容によって間の長さを変えることが必要になります。

　号令をかけるときは、隊員を観察し、又は聞きとりやすいよう対面して行うのが一般的です。

基本の姿勢

(1) 基本の姿勢は、訓練や礼式におけるすべての基本となる姿勢であると同時に、隊員の日常動作においても基礎となるものです。この姿勢は、単に形態だけのものではなく、精神が内に充実した厳粛、端正であるとともに、いついかなる命令にも直ちに応じられる心構えができていなければなりません。

　基本の姿勢は、全身をかたくせず、体の重心を両足の親指付根のふくらみと両かかとの中心に置くようにします。この場合、正しい中心に重心を置くためには、両かかとが軽く地に接する程度の感じに、上体をわずかに前に傾けるのが適当です。

(2) 隊員に基本の姿勢をとらせるには、「気をつけ」の号令をかけます。

(3) 指揮者が隊員に基本の姿勢をとらせるにあたっては、まず自らがその範を示し、基本の姿勢の要領を会得させてから実施することが大切です。

　また、基本の姿勢を直させる場合は、姿勢のみならず服装、態度についても厳密に行う必要があります。

(4) 服装については、主として着装状況、保存手入れの状況等がよいかどうか、例えば帽子の冠り方、ボタンの掛け方、ポケットに物品等を入れた状態、ズボンの折り目、着衣の汚損、補修の状況等について注意することが大切です。

基本の姿勢

口を閉じ、あごを引く

上体は正しく腰の上におちつけ、背を伸ばし、かつ、わずかに前に傾ける

腕は自然にたらす

両目は正しく開いて前方を直視する

両肩をやや後に引き一様に下げ、両ひざをまっすぐ伸ばす

両かかとを一線上に揃えてつけ、両足先はおおむね六十度に開いてひとしく外に向ける

約60° 正三角形

休めの姿勢

(1) 休めの姿勢は、一時的に隊員の緊張した姿勢を緩和するために用いられます。しかし、緊張を緩和する姿勢であっても規律は維持しなければなりません。

(2) 隊員に休めの姿勢をとらせるには、「休め」の号令をかけます。

　隊員は、「休め」の号令により左足をおおむね25センチメートル左へ活発に開き、ひざを軽く伸ばし体重を左右の足に平均にかけます。手は体の後ろにまわし左手の親指と四指で右手の甲と四指を軽く握り、自然に下げます。

　指揮者から、命令、訓示、説明、指示等がある場合は、休めの姿勢をとったのち、指揮者に注目します。

(3) 休めの姿勢から基本の姿勢をとらせるには、「気をつけ」の号令をかけます。

休めの姿勢

左足をおおむね半歩横に開く

25cm
約20cm

用語の意味

(1) 距離……同一線上に縦に並んだ隊員間の間げきをいい、これは、前の者のかかとから後の者のかかとまでを測ることになりますが、その距離は横隊でおおむね1.1メートルです。

(2) 間隔……同一線上に横に並んだ隊員間の間げきをいい、これは、右方の隊員の左肩から左側の隊員の右肩までを測ることになりますが、その距離は通常手を腰にあてた長さとなります。

(3) 歩幅……徒歩行進の場合の一歩の長さをいい、各人のかかとからかかとまでを測ることになりますが、速足にあってはおおむね70センチメートル、かけ足にあってはおおむね80センチメートルとなります。

(4) 歩調……1分間に行進する歩数をいい、速足にあってはおおむね120歩、かけ足にあってはおおむね180歩となります。

横隊の整とん

(1) 隊員は、「右（左）へーならえ」の号令で最右翼前後列員を除く隊員が右手を腰にあて、ひじを側方に張り、右翼員にならい整とんします。後列員はまず正しく前方の列員に重なって距離1.1メートルをとり、次に頭を右へまわし右列員にならい整とんします。

(2) 整とんは、横隊と縦隊ではその方法を異にします。また、整とんの仕方には指揮者の命令によらないで隊員が自発的に整とんするものと、指揮者の命令によって整とんするものとがあります。

(3) 整とんするときは、まず列員各自が正しい姿勢をとり、一定の間隔と後列員は一定の距離（1.1メートル）をとって前列員に重なり、最右翼列員を基準にして正しく全員が一線上に整列するようにします。

(4) 整とんするときに、特に注意すべきことは、列員各自の整とんの良否が全体の整とんに影響することになりますので、各自が正しい姿勢をとって、整とんする線とかかとの線を一致させ、正しい間隔と距離をとり、最右翼列員にならい正しく整列することです。

(5) 整とんにあたっては、右目で右列員を見るときの基準は、おおむね右列員のえり部を見るのが適当です。

　なお、左目で全線を見通す場合は、頭や上体を前方に出して行うようこなことは避けます。

(6) 整とんが終わったときは、「直れ」の号令で、隊員は頭を正面に復すと同時に、右手をおろします。

整とんの要領

間隔

敬礼動作

(1) 敬礼動作を行う場合は、いずれも基本の姿勢で行います。

(2) 挙手注目の敬礼は、受礼者に向って姿勢を正し、右手を上げ、指を接して伸ばし、ひとさし指と中指とを帽子の前ひさしの右端にあて、たなごころを少し外方に向け、ひじを肩の方向にほぼその高さに上げ、受礼者に注目して行います。ただし、右手を上げることができないとき又は正規の方法によりがたいときは、15度の敬礼を行います。

(3) 15度の敬礼は、受礼者に向って姿勢を正し、注目した後、上体をおおむね15度前に傾け頭を正しく保って行います。ただし、帽子を持っているときは、右手で前ひさしをつまみ、内部をももに向けて垂直に下げ、左手は、ももにつけてたれるようにします。

(4) 敬礼は、受礼者の答礼又は部隊の場合においては指揮者の「直れ」の号令によりもとに復し敬礼を終わります。

答礼

(1) 敬礼を受けた者（視閲者等）は、答礼を行いますが、この場合の動作は敬礼に準じます。
(2) 隊員又は部隊から敬礼を受けた場合、敬礼を受けた上司は、誠実、敬愛の念をもって、特別支障のないかぎり必ず答礼を行わなければなりません。
(3) 部隊による敬礼、儀式等における受礼者の答礼は、挙手注目の敬礼の要領で指揮者に注目した後、左翼に至った後、隊の中央にもどり答礼を終わります。

MEMO

Ⅱ　消防用設備等の操作要領

　消防用設備等には、スプリンクラー設備のように火災を感知し自動的に消火する設備もありますが、他の設備はその取扱いに習熟していなければ活用できないものが大半です。
　ここでは、初期消火と避難に重点を置き、特に習熟していただきたい次の設備・器具の基本的操作要領を紹介します。
　　　　◎　屋内消火栓設備
　　　　◎　避　難　器　具
　　　　　　　　・　斜降式救助袋
　　　　　　　　・　垂直式救助袋
　　　　　　　　・　緩　降　機

第1　共通事項
1　用　語
　(1)　待機線
　　　隊員があらかじめ服装を整え待機する線
　(2)　集合線
　　　操作の開始前及び終了後に隊員を集合させる線

2　操作上の留意事項
- 操作は、安全を確保するとともに、迅速確実に行う。
- 隊員は、操作に適した服装とし、かつ、統一を期する。
- 隊員の動作は、原則として駆け足とし、操作及び動作の区切りは、すべて「よし」と呼称し、節度正しく行う。
- 隊員は、使用する設備の構造及び機能に精通するとともに、操作実施前後には、任務分担に基づき機器の点検を行う。
- 事故防止に留意する。

3　指揮者の留意事項
- 常に指揮に便利で、かつ、隊員を掌握できるところに位置する。
- 隊員の動作及び操作を十分に監視し、必要な命令及び指示を与える。
- 号令は、明りょうに唱え、命令及び指示は、簡明適切に行って隊員に徹底させる。

4　意図の伝達要領
　指揮者及び隊員間の意図の伝達は、音声によるほか、次の手（旗）による合

図を併用する。
- 始め（集まれ）………右手を真上に上げる。
- 止め　　　　　………右手を横水平に上げる。
- 収め　　　　　………両手を頭上で交差させる。

5　集合、点呼等の号令及び要領
- 集　合

  指揮者は、「集まれ」と号令し隊員を集中させる。この場合、隊員は待機線から駆け足で集合線に集合し、1番員を基準に整列する。

- 整とん

  隊員は、集合線に集合したならば、"右へならえ"をして整とんし、整とんが完了したなら1番員から順次姿勢を正す。

- 点　呼

  指揮者は、「番号」と号令し、隊員の点呼を行う。この場合、隊員は、指揮者の号令により、1番員から順次番号を呼称する。

- 休　憩

  指揮者は、必要に応じて「休め」と号令し、隊員を休憩させる。この場合、隊員は"左足を半歩開き"その場で休めの姿勢をとる。また、指揮者から「気をつけ」の号令があったときは、元の姿勢をとる。

- 解　散

  指揮者は、「わかれ」と号令し、隊員を解散させる。この場合、隊員は指揮者の号令で一斉に"挙手注目の敬礼"を行い、指揮者の答礼で解散する。

第2　屋内消火栓の操作要領

基本事項

1　編成要員

　1号消火栓の操作は次の編成で行う。
- 指揮者
- 1番員（筒先員）
- 2番員（筒先補助員）
- 3番員（バルブ操作員）

2 ホース及び結合部の名称

各部の名称は下図のとおりである。

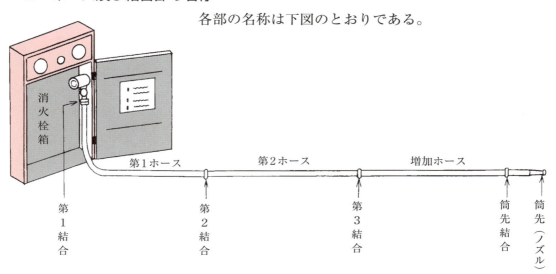

3 ホースの取扱要領

・ ホースの延長

筒先又は結合部を下にして右脇にかかえ、屋内消火栓に近いホースから順次延ばす。

（ホースの離脱姿勢）

・ ホースの離脱

折りひざの姿勢をとっておす金具近くを足で押さえ、両手でホースの離脱環を引く。

（筒先の離脱姿勢）

・ 筒先の離脱

折りひざの姿勢をとっておす金具近くを足で押さえ、脇の下に筒先をかかえて両手でホースの離脱環を引く。

(ホースの結合姿勢)

- ホースの結合

  第2ホースに増加ホースを結合するときは、筒先を離脱したのち、第2ホースのおす金具がやや上を向くよう足で押さえ、増加ホースのめす金具を両手にもっておす金具におしつけて結合し、これを確認する。

(ホースの巻きとり)

- ホースの収納

  離脱したホースは、おす金具からうず巻状に巻きとる。ただし、放水しない場合は、折りたたみでも差し支えない。

(ホースの搬送姿勢)

- ホースの搬送

  増加ホースを搬送するときは、折りたたみホース、うず巻きホースともホースのめす金具を手で押さえ、めす金具が上側前向きになるようにして肩にかつぐか又は脇にかかえる。

4 注水の基本姿勢

(注水姿勢・注水補助姿勢)

- 注水姿勢

  足を一歩前に踏み出し、ノズルを両手でささえ腰にあて、体重を前方にかけつつ、やや腰を落とした姿勢でかまえる。

- 注水補助姿勢

  筒先員の反対側一歩後方の位置において腰を落として両手でホースをささえる。

5　注水姿勢等の変換

（折りひざ姿勢）

- 注水姿勢の変換
　「折りひざ注水」の号令で、1番員及び2番員は、後足のひざを地につけ、折りひざ姿勢にかまえる。
- 注水の変換（可変式ノズルの場合）
　「噴霧注水」・・・・・1番員は、ノズルを操作し、噴霧状に切り替える。
　「棒状注水」・・・・・1番員は、ノズルを操作し、棒状に切り替える。
- 注水方向の変換
　「上（下）へ注水」・「左（右）へ注水」・「振り回し注水」の号令で、1番員はその方向（振り回す）に向ける。

1号消火栓操作フロー

1号消火栓の基本的な操作は、次に示すフローに従い、4人で行うので、あらかじめ任務分担を決め、それぞれの任務内容について習熟しておく必要があります。

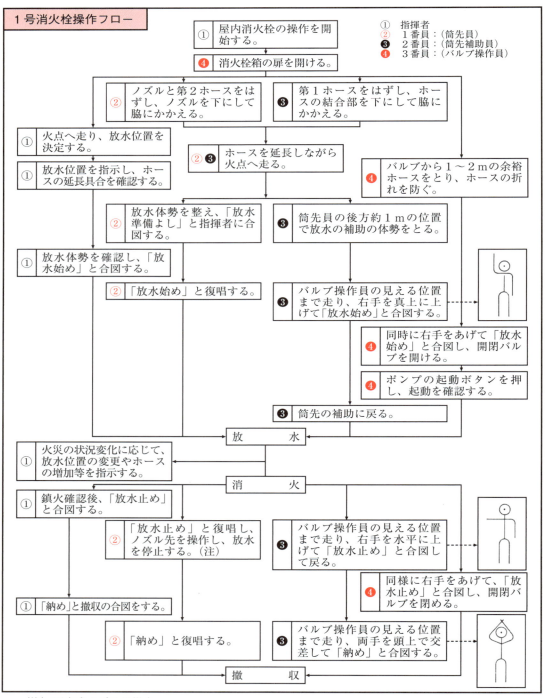

（注）可変式ノズルの場合

第3　屋内消火栓操作の開始

　1号消火栓を操作する場合は、本書で説明している4人操作が基本ですが、そのほかに3人、あるいは2人で行う操作もあります。

1　放水操作

（操作の開始）

（第2ホースの取出し）

指揮者

① 集合線の前方5メートルの位置で、隊員に対し「集まれ」と号令する。隊員は駆け足で集合線に集まり"整とん"する。

② 隊員の整とん後、「番号」と号令し、隊員の点呼を行い、つづいて「目標○○、屋内消火栓操作始め」と号令する。

③ 想定された火点に駆け足で至り、1番員に停止位置を「止まれ」と指示し、注水姿勢を完了したのを確認して「放水始め」と号令する。

④ 放水が開始されたならば想定した火点の推移を判断し、1番員に注水の変換、注水方向の変換を指示する。

1番員

① 指揮者の「操作始め」の号令で、「よし」と呼称し、3番員と協力して消火栓から筒先と第2ホースを取り出し、これを脇にかかえる。

② 3番員の「よし」の合図で想定された火点へ前進し、2番員のホース延長終了の「よし」を確認した後、第2ホースを延長する。

③ 指揮者の「止まれ」の号令で停止し、"注水姿勢"をとる。

（ホース延長開始）

> 2番員

① 指揮者の「操作始め」の号令で、「よし」と呼称し、1番員のホース取り出しを待って、3番員と協力して第1ホースを取り出し、これを脇にかかえ、3番員の「よし」の合図で1番員の後に続いて第1ホースを延長し、1番員の注水姿勢に合わせ"補助注水姿勢"をとる。

（伝達要領）

② 指揮者の「放水始め」の号令により、「放水始め」と復唱し、第1ホースの中央付近に至って停止し、「放水始め」と3番員に伝達し、3番員の復唱を受けたならば"まわれ右"をして指揮者に「伝達終わり」と報告した後、ホースを持って「よし」と呼称し、注水補助を行う。

> 3番員

（余裕ホースの確保）

① 指揮者の「操作始め」の号令で、「よし」と呼称し、屋内消火栓の扉を開き、1・2番員のホース取り出しを補助した後、ホース内側に位置をかえ、余裕ホースを腰に取り1・2番員の状況をみて「よし」と合図する。

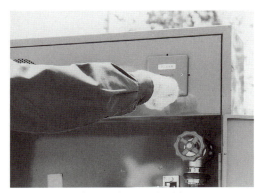
（起動ボタンを押す）

② 2番員の「放水始め」の伝達を受けたならば、これを復唱し、起動ボタンを押してバルブを開き送水し、その後は姿勢を正して待機する。

（バルブを開く）

2 放水中止

指揮者
◉ 「放水やめ」と号令し、2番員の復唱を確認後、再び前方を向き姿勢を正す。

（放水やめの姿勢）

1番員
◉ 指揮者の「放水やめ」の号令を復唱し、そのまま注水姿勢をつづけ、2番員の「伝達終わり」の報告を受けたならば、「よし」と呼称し、足を引きつけ筒先を体の横にさげて姿勢を正す。

（伝達要領）

> [!NOTE] 2番員
⊙ 指揮者の「放水やめ」の号令を復唱し、ホースを離して後方に向きをかえ、第1ホースの中央付近に至って停止し、「放水やめ」と3番員に伝達し、3番員の復唱を確認したならば"まわれ右"をして指揮者に「伝達終り」と報告した後、その位置で姿勢を正す。

> [!NOTE] 3番員
⊙ 2番員の「放水やめ」を受けたならば、これを復唱し、バルブを操作して送水を停止し、その位置で姿勢を正す。

3 収 納

> [!NOTE] 指揮者
⊙ 2番員の「伝達終り」の報告を受けたならば、「よし」と呼称し、つづいて「収め」と号令して1番員から筒先を受けとり、これを屋内消火栓まで搬送して置いた後、指揮に便利な位置で隊員の収納状況を監視し、指揮位置に戻り姿勢を正す。

> [!NOTE] 1番員
⊙ 指揮者の「収め」の号令で、「よし」と呼称し、筒先を離してこれを指揮者に手渡し、2番員と協力して第2ホースのねじれなどを修正した後、ホースをうず巻きにして屋内消火栓の前に置き、集合線に戻り"整とん"する。

（ホースの修正）

（ホース等の収納）

2番員
- 指揮者の「収め」の号令で、「よし」と呼称し、まわれ右をして第2結合部に至って停止し、3番員に「収め」と伝達した後、第2結合部を離脱して1番員と協力して第2ホースを、3番員と協力して第1ホースを修正し、つづいて第1ホースをうず巻きにして屋内消火栓の前に置き、集合線に戻り"整とん"する。

3番員
- 2番員の「収め」を受けたならば、これを復唱し、第1結合部を離脱した後、2番員と協力して第1ホースを修正し、つづいて屋内消火栓の扉を閉め、集合線に戻り"整とん"する。

4 点検報告

指揮者
- 各隊員の整とんが終わるのを待って、「点検報告」と号令し、各隊員の点検結果の報告に対し「よし」と呼称する。

各隊員
- 指揮者の「点検報告」の号令により、1番員から順に指揮者に対し異常の有無を報告する。

5 解　散

指揮者
- 各隊員から異常の有無の報告を受けた後、隊員に対し「わかれ」と号令し解散する。

各隊員
- 指揮者の号令で一斉に挙手注目の敬礼を行い、指揮者の答礼で解散する。

6 ホースの増加方法
　ホース延長後、火災の推移などによりホースが不足する場合は、火災階の下階又は同一階の使用していない屋内消火栓のホースを利用し増加する。増加ホースは筒先側に接続するが、放水中の場合は屋内消火栓のバルブを閉め一時注

水を停止し行うようにする。
　ホースの増加方法は、次の号令及び要領による。

　指揮者
◉　「ホース1本増加」と号令し、2番員からの報告を確認したならば筒先離脱を1番員に指示し、1番員が筒先と増加ホースを結合するのを確認し、1番員の「よし」の合図で「放水始め」と号令して新火点に至り、指揮に便利な位置で操作の状況を監視する。

　1番員
◉　指揮者の号令で「ホース1本増加」と復唱し、送水が停止したならば「よし」と呼称して筒先を離脱し、2番員から増加ホースのおす金具を受け取り筒先に結合してホースを延長しながら新火点に至り、「よし」と呼称して注水姿勢をとる。

　2番員
①　指揮者の号令で「ホース1本増加」と復唱し、ホースを放してまわれ右をして屋内消火栓に至って停止し、3番員に正体して、「ホース1本増加」と伝達し、3番員から増加ホースを受け取って筒先結合部に搬送し、ホースを床面におろすと同時におす金具を1番員に手渡し、めす金具を第2ホースに結合して「よし」と呼称する。
②　指揮者の「放水始め」の号令でこれを復唱し、まわれ右をして第1ホース中央付近で停止し、「放水始め」と3番員に伝達し、3番員の復唱を受けたならばまわれ右をして指揮者に「伝達終り」と報告した後、ホースを持って「よし」と呼称して注水補助姿勢をとる。

　3番員
◉　2番員の「ホース1本増加」の伝達で、これを復唱し、消火栓のバルブを閉め増加ホースを2番員に手渡した後、2番員の「放水始め」を受けたならばこれを復唱し、バルブを操作して送水し、その後に姿勢を正して待機する。

7　ホース増加後の措置
　放水を中止する場合は、前2の要領による。また、ホース等を収納する場合は、前3の要領に準じて行う。

第4　避難器具操作要領

基本事項

1　編成要員

避難器具の操作については、次の器具別編成で上部操作要員及び下部操作要員により実施する。

- 斜降式救助袋…………指揮者以下4名で実施
- 垂直式救助袋…………指揮者以下3名で実施
- 緩　降　機…………指揮者以下2名で実施

2　斜降式救助袋操作要領

(1)　器具設定

指揮者

- 「操作始め」と号令し、上部操作員が誘導ロープの砂袋を投下したのを確認したならば、階段等を使って地上へ降り、指揮に便利な位置で操作の状況を監視する。

上部操作員（2名）

① 指揮者の「操作始め」の号令で「よし」と呼称し、2人で協力して格納箱をはずして、操作に支障のない位置に置き、1人が袋本体の固定バンドをはずした後、誘導ロープの状況を点検し、下部操作員の合図を待って「ロープ」と呼称して砂袋を目標地点に投下する。

（注）・展張障害等を確認する。

② 下部操作員が誘導ロープを確保した合図により2人で協力して「救助袋降下」と呼称し、袋本体を徐々に降下させ、降下が完了したならば袋取付枠を引き起こし、つづいて取付金具のステップを起こし、指揮者を見とおすことのできる位置で姿勢を正し待機する。

（注）・窓枠等で摩擦させないよう布等を当てる。

（砂袋の投下）

（袋本体の降下）

（袋取付枠を起こす）

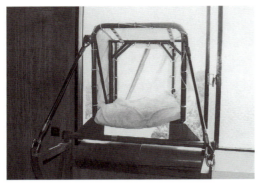

（ステップを起こす）

- 袋に引きずられて転落しないように注意する。

下部操作員（2名）

① 指揮者の「操作始め」の号令で「よし」と呼称し、階段等を使って地上へ降り、上部操作員に対して準備完了の合図をし、上部操作員が投下した誘導ロープを受けとり、「よし」と呼称する。

② 上部操作員が降下させる救助袋が窓や手すり、樹木等にひっかからないよう誘導し、袋本体の降下が完了したならば誘導ロープを取りはずして操作に支障のない位置に置く。

③ 該当する階の固定環ボックスの蓋を開け、2人で協力して救助袋固定用ロープのフックを固定環にかける。

④ 固定用ロープの末端を滑車間ロープの間に通し、袋本体にたるみがないよう十分に引張り、左右均一の張力になるようにする。

⑤ ロープの固定は、引張ったロープの滑車側を足で滑車と滑車間ロープの間に踏みつけ「固定よし」と呼称する。

⑥ 安全を図るため、余ったロープをフックと滑車との間に緊結し、さらに滑車上部に半結びをかけた後「結着よし」と呼

(張力を確認する)

称する。
⑦ 2人で協力して救助袋の展張を行い、展張が終了した後、救助袋先端に乗って強くゆすり、当該先端部が地面に着かないかを確認し、支障がなければ「張力よし」と呼称し、上部操作員の見とおせる位置で、折りひざ姿勢で待機する。
（注）・先端部が地面に着くようであれば再度展張し直す。

(2) 降下準備

指揮者

⊙ 「降下準備」と号令し、各隊員からの応答合図を待つ。

上部操作員

① 指揮者の号令又は合図を確認したならば「準備よし」と呼称し、指揮者に対し準備完了の合図を送る。
② 呼称を確認したならば降下者に準備体勢を整えるよう指示する。

(保護マットの確保姿勢)

下部操作員

⊙ 指揮者の号令を復唱し、保護マット下部両端を保持して「準備よし」と呼称する。
（注）・保護マットの持ち方は手のひらを上に（逆手）両手で持つ。

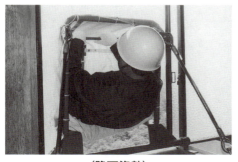
(降下姿勢)

降下者

⊙ 上部操作員の指示によりステップに足をかけ、降下口に足から入って両手で枠をにぎり姿勢を整えた後「準備よし」と呼称して待機する。

(3) 降　下
　　指揮者
　　● 各隊員の準備完了を確認したならば「降下始め」と号令する。

　　上部操作員
　① 指揮者の号令及び合図を確認し、「降下始め」と復唱する。
　② 「降下始め」の復唱で、準備体勢をとっている降下者に対し「降下始め」と指示する。

（降下者の確保）

　　下部操作員
　　● 降下者が保護マット上で停止したことを確認し、当該保護マットをゆっくり地上に誘導し、「よし」と呼称して降下者を安全な位置に退去させ、再び保護マットを保持して、次の降下の準備が完了したら「準備よし」と呼称する。

(4) 収　納
　　指揮者
　　● 上部操作員に対して「収め」の号令及び合図を行い、下部操作員の収納作業を監視した後、当該救助袋設置階へ至り、各隊員の操作を監視し、操作の完了を待って集合線の指揮位置に戻って姿勢を正す。

　　下部操作員
　　● 指揮者の「収め」の号令で「よし」と呼称し、固定用ロープをゆるめてフックを固定環からはずし、つづいて誘導ロープを袋本体に緊結した後、袋本体等を取付枠の真下まで搬送する。その後、1人は救助袋設置階へ駆け足で至り、袋本体の収納に協力する。他の1人は、地上で袋本体の引上げを補助し、収納が完了したならば「よし」と呼称し、救助袋設置階へ駆け足で至り集合線で姿勢を正す。

　　上部操作員
　　指揮者の「収め」の号令又は合図を確認したならば、これを復唱して指揮者に合図し、次の順序で収納する。
　① 取付金具内のステップを折りたたむ。

② 取付金具の支持ワイヤーを手前に引き、支持金具を引き込みたたむ。
③ 袋本体、誘導ロープの全部を引き上げる。
④ 袋本体を取付金具内に、つづら折にする等、使用時の操作に支障をきたさないよう点検しながらたたみ込む。
⑤ 固定用ロープ、フック、誘導用ロープ及び砂袋を整理して、袋本体に乗せ、布バンドで固定し、格納箱をかぶせる。
　以上の順序で、収納が完了したなら「よし」と呼称して、集合線で姿勢を正す。
(5) 解　散
　前第3屋内消火栓の操作の開始中5解散の例に準じて行う。

3　垂直式救助袋操作要領
(1) 器具設定
　　指揮者
◉　「操作始め」と号令し、上部操作員の操作を監視し、誘導ロープの砂袋が投下されたならば、階段等を使って地上へ降り、指揮に便利な位置で操作の状況を監視する。

上部操作員（2名）

指揮者の号令で「よし」と呼称し、次の順序で展張する。
① 格納箱をはずして操作に支障ない場所に置く。
② 袋本体固定用の布バンドをはずす。
③ 誘導ロープ先端の砂袋を持ち、袋本体の展張障害等を確認しながら、「ロープ」と呼称し、砂袋を目標地点に投下する。
④ 下部操作員の合図により、「救助袋降下」と呼称し、袋本体を徐々に降下させる。
⑤ 袋本体の降下が完了したならば袋取付枠を引き起こす。
⑥ 取付金具に取り付けてあるステップを起こす。
　以上の順序で、展張が完了したなら「よし」と呼称して、指揮者を見とおすことのできる位置で姿勢を正し待機する。

下部操作員（1名）

① 指揮者の号令で「よし」と呼称し、階段等を使って地上へ降り、上部操作員に対して準備完了の合図を行う。
② 投下された誘導ロープを受けとって、これを確保し、「よし」と呼称する。

③ 袋本体が降下されたならば、窓や手すり、樹木等にひっかからないよう誘導ロープを引き、袋本体の降下を誘導する。

④ 袋本体の降下が完了したなら誘導ロープを取りはずし、操作に支障のない位置に置く。

以上の順序で、降下が完了したなら「よし」と呼称して、上部操作員の見とおせる位置で姿勢を正し待機する。

(2) 降下準備

指揮者・上部操作員及び降下者

前第4・2斜降式救助袋操作要領(2)の降下準備要領に準じて行う。

下部操作員

指揮者の号令を復唱し、袋本体カプセル部が不安定にならない様に保持し、「準備よし」と呼称する。

(3) 降　下

（降下姿勢）

指揮者・上部操作員

前第4・2斜降式救助袋操作要領(3)の降下要領に準じて行う。

降下者

上部操作員の指示により「降下」と呼称し、降下する。

降下姿勢は身体を十分に伸ばし、両手は耳を保護するような姿勢で自然にあげ、足はまっすぐ伸ばす。降下速度が速すぎる場合は、両ひじを張るか、または両足を開きブレーキをかけ速度を調整する。

カプセルに到着したら、脱出口の受け布に腰をおろし、脱出用ロープを両手でにぎって地上へ降りる。

下部操作員

降下者がカプセルに到達したなら、「降下よし」と呼称し、降下者がカプセルから脱出するのを補助して安全な位置へ退去させ、再びカプセル下部を保持して、「準備よし」と呼称する。

(4) 収　納

前2斜降式救助袋操作要領、(4) 上部操作員 の例に準じて行う。

(5) 解　散

前第3屋内消火栓の操作の開始中5解散（P89）の例に準じて行う。

4 緩降機操作要領
(1) 器具の設定

（取付金具の設定）

指揮者
- ◉ 「操作始め」と号令し、上部操作員の操作を監視し、緩降機本体の取りつけが完了したならば、これを確認し、地上操作員に「準備よし」と合図した後、指揮に便利な位置で操作の状況を監視する。

上部操作員

（調速器、リール、ロープを取出す）

① 指揮者の号令で「よし」と呼称し、取付金具を開いて取付アームを設定する。
② 本体格納箱から調速器、リール、ロープ等を取り出す。

（フックの取付け）

③ フック部を取付けアームのつり輪にかけ、フックの安全環を確実にしめて固定する。

（ロープ、リールの投下）

④ 投下するロープ、リールを取り出し下部操作員に「リール投下」と合図し、下部操作員の「よし」の呼称で降下空間付近の安全を確認し、ロープ及びリールを投下する。

下部操作員

⦿ 指揮者の号令で「よし」と呼称し、階段等を使って地上へ降り、1番員の「リール投下」の合図を受けたならば、付近の安全を確認し、「よし」と呼称し、1番員の投下したリールを受け取ってこれを離脱して安全な位置に置き、ベルト、固定環の安全を確認した後、「準備よし」と呼称する。

(2) 降下準備

指揮者

⦿ 「降下準備」と号令し、上部操作員が降下者にベルトを着装させるのを監視する。

（ベルトをかける）

上部操作員

⦿ 指揮者の号令で「よし」と呼称し、降下者にベルトを渡してこれを頭からかぶせ、ねじれないよう脇の下に装着し、調整環を締めてロープ2本を手渡し、窓枠（ベランダ）に出て降下姿勢を取るまで介添し、降下者の準備態勢が取れたならば「準備よし」と呼称する。

降下者

⦿ 左手（右手）で調速器のすぐ下のロープを2本ともにぎり、窓枠（ベランダ）に足をかけ、右手（左手）で窓枠等を押すようにして外へ出て降下の姿勢をとり「準備よし」と呼称する。

（降下の準備姿勢）

下部操作員

⦿ 指揮者の号令で「よし」と呼称し、反対ロープを地上で確保して降下者の準備態勢を待って「よし」と合図する。

(3) 降　下

指揮者

⦿ 各隊員の準備完了を確認したならば「降下始め」と号令する。

上部操作員

⦿ 指揮者の号令で「よし」と呼称し、降下者に「ロープ離せ」と指示して降

（降下姿勢）

（ベルトをはずす）

下させ、次の降下者の準備をする。

降下者
- 上部操作員の指示でロープを放し、両手を建物の外壁に向けて軽く伸ばし、両手を自然に伸ばした姿勢で降下し、地上へ降りたら大きく１歩後退し、下部操作員がベルトの調整環をゆるめ、ベルトを身体からはずすのを待って、「降下おわり」と呼称する。

下部操作員
- 上部操作員の「ロープ放せ」の指示で反対ロープを離し、降下者が地上に降りたならばベルトの調整環をゆるめてベルトを離脱し、そのロープを確保して「降下おわり」と呼称し、指揮者に降下おわりの合図を送る。

(4) 収　納

指揮者
- 「収め」と号令し、上部操作員の操作を監視し、操作の完了を待って集合線の指揮位置に戻って姿勢を正す。

上部操作員
① 指揮者の「収め」の号令で、これを復唱し、緩降機のロープ、リール等を引き上げ、調速器を取付け金具のアームからはずす。
② 各部分について、使用後の点検をする。
③ ベルト、ロープをリールに巻き取り、調速器、リール及びロープを格納箱に収納する。
④ 取付金具をたたみ込み、格納箱を閉めたならば「よし」と呼称して集合線に至り姿勢を正す。

上部操作員
- 指揮者の「収め」の号令で、これを復唱し、降下しているベルトにリールを固定させ、上部操作員に「よし」と合図した後、緩降機設置階へ駆け足で上がり、集合線に至り姿勢を正す。

(5) 解　散
前第３屋内消火栓の操作の開始中５解散（P89）の例に準じて行う。

Ⅲ 地震対策

第1 地震に関する基礎知識

1 地震国「日本」

わが国は、世界の中でも有数の地震国です。世界では、年間M6.0以上の地震が150回ほど発生していますが、このうち20回は日本付近で発生しています。わが国に住む限り、地震から逃れることはできません。

地震に際しては、普通の人であれば恐怖心などが先に立って、適正な行動がとれないものです。"いざ"というとき、冷静に正しい行動をとるためには、地震に関する基礎的な知識を知っておくことが対策の第一歩です。

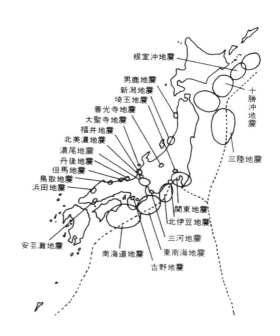

日本付近で大地震・中地震の発生する所

2 地震発生のメカニズム

地震の発生については、いろいろな説がありますが、現在多くの学者に支持されている説がプレートテクトニクスです。

地球の表面は何十枚かのプレート（地殻をのせたマントル上部物質の固い板）に覆われているが、このプレートが下部のマントル（地殻の下にある地表から約2,900kmまでの部分）の対流運動につれて長い時間をかけて少しずつ動いている。このためプレートとプレートの境界近く

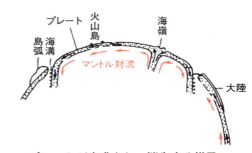

プレートが生成され、消失する様子

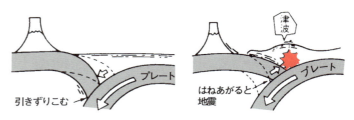

では、岩石は圧力を受けて変形し、これが限界に達すると、急激にはね返って元の形に戻ろうとし、地震が発生するという説がプレートテクトニクスです。

3 マグニチュードと震度

　一般にマグニチュードと震度の違いが十分に知られていません。過去の例では、ある県庁が「マグニチュード4程度の余震がくる恐れがあります。」と広報したものを「震度4の地震がくる。」と誤解され広まったことがあります。

　ひとくちで言えば、マグニチュード（略してMで表わされる）は、地震の大きさ（地震規模、エネルギー）を示し、震度はそれぞれの場所でのゆれかたの度合を示します。従って、一つの地震について、マグニチュードの値は一つですが、震度は場所によって違います。（下図参照）

　それぞれの場所での震度は震源からの距離、地盤の良し悪しに左右され、震源に近いほど、また軟弱な地盤ほど震度は大きくなります。

注）マグニチュードは震央距離100kmの地点における地震計の最大振幅をミクロン単位で測り、その対数値で示します。震度は気象庁震度階級により決定されます。（次ページ参照）

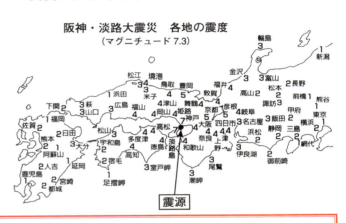

阪神・淡路大震災　各地の震度
（マグニチュード7.3）

おもな地震用語

1. 震源
　地球の内部で地震が発生した1点をいいます。もっとも、実際には地震の源は1点ではなく、ある程度の広がりをもっており、これを「震源域」といいます。
2. 震央
　震源の真上の地表の点をいいます。一見して地震がここから発したようにもみえるので「震源地」ともいいます。
3. 地震波
　地震は、震源から四方に波となってゆれていきますが、この波を地震波といい、性質によって次のようにわけることができます。
   (1) たて波（P波）
　　地震のときに、最初に到着し「がたがた」と細かくゆれる振幅の小さい波をいいます。伝わる速さはもっとも速く毎秒7.5～13.7kmです。
   (2) 横波（S波）
　　地震のときに、たて波に続いて到着し「ゆさゆさ」と大きくゆれる振幅の大きな波をいいます。地震波の中心となる波で伝わる速さは毎秒4.4～7.2kmです。
   (3) 地表波（L波）
　　地震のとき、地球の表面にそって伝わる波をいいます。伝わる速さは横波とほぼ同じです。

気象庁震度階級関連解説表（震度4以上抜粋）

震度階級	人の体感・行動	屋内の状況	屋外の状況	木造建物（住宅) 耐震性が高い	木造建物（住宅) 耐震性が低い	鉄筋コンクリート造建物 耐震性が高い	鉄筋コンクリート造建物 耐震性が低い
4	ほとんどの人が驚く。歩いている人のほとんどが、揺れを感じる。眠っている人のほとんどが、目を覚ます。	電灯などのつり下げ物は大きく揺れ、棚にある食器類は音を立てる。座りの悪い置物が、倒れることがある。	電線が大きく揺れる。自動車を運転していて、揺れに気付く人がいる。	―	―	―	―
5弱	大半の人が、恐怖を覚え、物につかまりたいと感じる。	電灯などのつり下げ物は激しく揺れ、棚にある食器類、書棚の本が落ちることがある。座りの悪い置物の大半が倒れる。固定していない家具が移動することがあり、不安定なものは倒れることがある。	まれに窓ガラスが割れて落ちることがある。電柱が揺れるのがわかる。道路に被害が生じることがある。	―	壁などに軽微なひび割れ・亀裂がみられることがある。	―	―
5強	大半の人が、物につかまらないと歩くことが難しいなど、行動に支障を感じる。	棚にある食器類や書棚の本で、落ちるものが多くなる。テレビが台から落ちることがある。固定していない家具が倒れることがある。	窓ガラスが割れて落ちることがある。補強されていないブロック塀が崩れることがある。据付けが不十分な自動販売機が倒れることがある。自動車の運転が困難となり、停止する車もある。	―	壁などに軽微なひび割れ・亀裂がみられることがある。	―	壁、梁（はり）、柱などの部材に、ひび割れ・亀裂が入ることがある。
6弱	立っていることが困難になる。	固定していない家具の大半が移動し、倒れるものもある。ドアが開かなくなることがある。	壁のタイルや窓ガラスが破損、落下することがある。	壁などに軽微なひび割れ・亀裂がみられることがある。	壁などにひび割れ・亀裂が多くなる。壁などに大きなひび割れ・亀裂が入ることがある。瓦が落下したり、建物が傾いたりすることがある。倒れるものもある。	壁、梁（はり）、柱などの部材に、ひび割れ・亀裂が入ることがある。	壁、梁（はり）、柱などの部材に、ひび割れ・亀裂が多くなる。
6強	立っていることができず、はわないと動くことができない。揺れにほんろうされ、動くこともできず、飛ばされることもある。	固定していない家具のほとんどが移動し、倒れるものが多くなる。	壁のタイルや窓ガラスが破損、落下する建物が多くなる。補強されていないブロック塀のほとんどが崩れる。	壁などにひび割れ・亀裂がみられることがある。	壁などに大きなひび割れ・亀裂が入るものが多くなる。傾くものや、倒れるものが多くなる。	壁、梁（はり）、柱などの部材に、ひび割れ・亀裂が多くなる。	壁、梁（はり）、柱などの部材に、斜めやX状のひび割れ・亀裂がみられることがある。1階あるいは中間階の柱が崩れ、倒れるものがある。
7	―	固定していない家具のほとんどが移動したり倒れたりし、飛ぶこともある。	壁のタイルや窓ガラスが破損、落下する建物がさらに多くなる。補強されていないブロック塀のほとんどが崩れる。	壁などのひび割れ・亀裂が多くなる。まれに傾くことがある。	壁などに大きなひび割れ・亀裂が入るものが多くなる。傾くものや、倒れるものがさらに多くなる。	壁、梁（はり）、柱などの部材に、ひび割れ・亀裂がさらに多くなる。1階あるいは中間階が変形し、まれに傾くものがある。	壁、梁（はり）、柱などの部材に、斜めやX状のひび割れ・亀裂が多くなる。1階あるいは中間階の柱が崩れ、倒れるものが多くなる。

4 地震による災害

　地震は、自然災害の中で最も被害の大きいものとされ、恐ろしいものの筆頭にあげられています。それは地震による災害が、単発のものではなく、一つの災害が他の災害を誘発して、大災害に発展する可能性があるためです。地震による災害を発生の経過によって区分すると次のようになります。

第1次災害……土地の隆起・沈降、断層の発生、地すべり・山くずれ・流砂現象
　　　　　　　などの地盤破壊、落石、建物・工作物の損壊・倒壊
第2次災害……津波・火災の発生、危険物の流出・爆発
第3次災害……ガス・電気・水道・通信・交通の途絶、デマ・パニックの発生

流砂現象（液状化現象）

　砂地盤は、ふだんは重い建物を支えるのに十分な力を持っています。しかし、水分を含んだ砂は、強い地震のゆれを受けると砂粒と砂粒の間の摩擦が切れて液体のようになってしまうことがあります。波打ちぎわの砂浜で、砂の湿っている部分を足で何回かたたくと、それが液体のようになることでも確かめられます。ふだんは丈夫な砂地盤もいったん地震がくると一変して液体となり、重いビルはズブズブ沈んだり傾いたりします。下水管などの地下埋設物は浮力により浮き上がります。さらに地中で液化した砂は地表付近の土層の重さによって圧されているので、地表付近の割れ目を見つけて噴出し、噴砂・噴水現象を起こします。

地震火災

　地震による災害のなかで最も恐ろしいのが火災です。一般に地震火災のために失なわれた人命、財産の損害は直接の地震のゆれによる損害の十数倍におよんでいます。

　関東大震災を例にとれば、地震による建物の倒壊などで死亡した人は、730人足らずなのに死者の総数がわかっているだけで約6万人、行方不明者を加えると実に、9万9千人以上（旧東京市内だけ）の人が火災によって死亡しています。一方、この時の火災の様相は、東京では160か所から出火し、約半数は早期に消火されましたが、残り半数はつぎつぎに延焼し、約40時間燃え続け、約38万戸が焼失しました。

　地震による火災がいかに恐ろしいかをこれらの数字が表しています。

　地震火災は、

- 出火点が非常に多く、かつ、同時に発生する。
- 激しい地震のゆれや建物の崩壊の危険のなかにあって、生命を守ることに精

いっぱいとなり、火の始末、初期消火が極めてむずかしい。
- 電話が不通となり公設消防機関へ通報できない。
- 公設消防機関の消防活動は、火災が同時多発することによる消防力の分散、水道管の破壊による消火栓の使用不能、道路の地割れなどによる交通不能などにより、非常に低下する。
- 木造家屋は倒壊するとマキの山となり、非常に延焼しやすい状態となって燃え広がり、火勢が大きくなるとつむじ風が起こり、ますます火災は大きくなる。
- 避難に当たっては、延焼状況がつかめず、避難路には倒壊家屋、自動車等が散在し、避難誘導はすみやかに行われない。

このような悪条件が重なってくるところに、地震火災の最大の特徴があります。

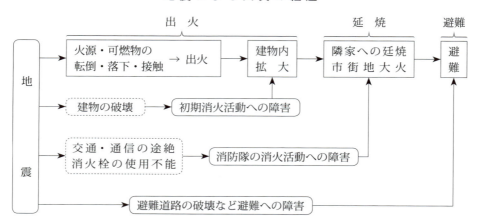

地震による火災の経過

津波

大地震が海底で発生した場合、海水は、海底に生じた地殻変動によって巨大な規模の波となって周囲に波及していきます。この波は水深が深い所ではそれ程目立ちませんが、海岸近くの水深が浅い所では急に高波、すなわち津波となって海岸地域に襲いかかり、大きな被害を及ぼします。津波の高さは一般的にV字型、U字型の湾では非常に高くなり、とくに湾口が外洋に向いている場合は著しく高くなります。

津波の特徴として次のことがあげられます。

ア 地震が沖合で発生し、陸上で地震のゆれの被害がなくても津波で大きな被害をうけることがある。

イ 沿岸地域の広範囲に被害を及ぼす。（ときには沿岸500km以上に及ぶ）

ウ 大規模な地震による津波は衰えることなく、かなり遠方まで波及する。
エ 地震のゆれは、短時間で終わるが、津波は数時間にわたって繰り返し襲う。

> 例 平成23年3月、宮城県沖で発生した巨大地震（M 9.0）による津波は地震発生後、岩手県沿岸で約15分後、千葉県沿岸では約2時間前後に到達、北海道から千葉県沖の太平洋沿岸を襲った津波の高さは岩手県、宮城県、福島県では8メートルから9メートル、岬の先端やV字型の湾の奥などの特殊な地形の場所では、波が集中し特に高くなり30メートルを越え、死者19,335人、行方不明2,600人、流失等による家屋の全・半壊は399,808棟と甚大な被害をだした。

津波は地震発生と同時に起こるものではないので、地震発生後の津波情報をいち早くつかむことが大切です。

地震によるパニック

地震が他の災害と異なる特徴は、まず「不意に発生すること」、「広い地域に及ぶこと」、「二次的災害が大きいこと」などがあげられます。このため人々の心理的不安感は増長し、デマが飛びかいパニック状態になる可能性が高くなります。劇場、百貨店、超高層ビル、雑居ビル、地下街等の多数の人が集まる施設では、人々は恐怖から逃れるために出口や階段に殺到し、一人が倒れると次々に連鎖反応を起こして大ぜいの死傷者を出すことになります。これを防ぐには、平素の防災教育の徹底、地震発生時の防火管理者の正しい情報提供と落ち着いた誘導が必要となってきます。

過去における地震による被害（国内）

地震名	発生日時	震度等	被害状況
関東大震災	大12. 9. 1 11時58分	M 7.9 震度6	死者99,331人、行方不明43,746人、火災件数213件、焼失棟数447,128棟
福井地震	昭23. 6.28 16時13分	M 7.1 震度6	死者3,769人、行方不明10人、火災件数29件、焼失棟数4,162棟
十勝沖地震	昭27. 3. 4 10時22分	M 8.2 震度6	死者33人、行方不明5人、全壊815棟
新潟地震	昭39. 6.16 13時01分	M 7.5 震度5	死者26人、火災9件、全壊1,960棟
十勝沖地震	昭43. 5.16 9時49分	M 7.9 震度6	死者52人、行方不明4人、火災50件、全壊673棟
伊豆半島沖地震	昭49. 5. 9 8時33分	M 6.9 震度5	死者30人、行方不明4人、全焼5棟
伊豆大島近海地震	昭53. 1.14 12時24分	M 7.0 震度5	死者25人、火災なし、全壊94棟
宮城県沖地震	昭53. 6.12 17時14分	M 7.4 震度5	死者28人、火災12件、全壊1,383棟
日本海中部地震	昭58. 5.26 12時00分	M 7.7 震度5	死者・行方不明104人、全壊1,584棟、半壊2,115棟、津波により被害拡大
北海道南西沖地震	平 5. 7.12 22時17分	M 7.8 震度5	震源に近い北海道奥尻島を中心に死者・行方不明230人、沿岸各地に大きな被害を出した。
兵庫県南部地震（阪神・淡路大震災）	平 7. 1.17 5時46分	M 7.3 震度7	死者6,434人、行方不明3人、負傷者43,792人、住家被害639,686棟、火災293件、焼損7,574棟。ピーク時避難者数316,678人（平7. 1.23）
新潟県中越地震	平16.10.23 17時56分	M 6.8 震度7	死者67人、負傷者4,805人、住家被害121,809棟、火災9件。震度6弱以上の余震が3回続いた。
福岡県西方沖地震	平17. 3.20 10時53分	M 7.0 震度6弱	死者1人、負傷者1,076人、住家被害8,420棟、火災2件。特に福岡市玄界島に大きな被害を出した。
新潟県中越沖地震	平19. 7.16 10時13分	M 6.8 震度6強	死者15人、負傷者2,344人、柏崎刈羽原子力発電所で、変圧器の火災発生
岩手・宮城内陸地震	平20. 6.14 8時43分	M 7.2 震度6強	死者13人、行方不明10人、負傷者451人
東日本大震災	平23. 3.11 14時46分	M 9.0 震度7	死者19,335人、行方不明2,600人、負傷者6,219人、全壊124,690棟、半壊275,118棟、火災330件、避難者数最大386,739人、死者・行方不明をはじめ被害のほとんどは地震直後に東北地方を襲った巨大津波による。東京電力福島第一原子力発電所では津波の浸水により原子炉の冷却が失われ放射能漏れを起こす深刻な事故を引き起こした。

第2 「東海地震」に備える

1 大規模地震対策特別措置法のしくみと働き

(1) 法律制定までの経緯

昭和51年8月、地震予知連絡会においてある学者は、駿河トラフを中心とする大地震が「明日起こっても不思議ではない。」との学説を発表しました。その後この東海地震説は多くの学者によって支持され、国・県・市町村等ではこれの対策を推進することになりましたが、東海地震のような巨大地震に対して効果的な対策をたてるには、地震予知を制度化し、かつ、国・県・市町村・住民・企業等の対策の責任を明確にする法制度が必要となりました。そのため昭和53年6月、国会で大規模地震対策特別措置法（以下「大震法」という。）が制定されました。

大震法の骨子は次のとおりです。

> **大規模地震対策特別措置法**
> 第一条　この法律は、大規模な地震による災害から国民の生命、身体及び財産を保護するため、地震防災対策強化地域の指定、地震観測体制の整備その他地震防災体制の整備に関する事項及び地震防災応急対策その他地震防災に関する事項について特別の措置を定めることにより、地震防災対策の強化を図り、もって社会の秩序の維持と公共の福祉の確保に資することを目的とする。

ア　国は地震予知を行うこと。
イ　東海地震が予知されたとき、内閣総理大臣は警戒宣言を発すること。
ウ　警戒宣言が発せられたときは、国・県・市町村・公共機関・企業・住民は地震発生前に、被害軽減のため必要な応急対策をとること。
エ　応急対策の内容については、あらかじめ計画をたて、定めておくこと。

(2) 強化地域

国は、東海地震が発生した場合、著しい被害を生ずるおそれのある地域6県170市町村を昭和54年8月に地震防災対策強化地域（以下「強化地域」という。）に指定（現在8都県263市町村）しました。

強化地域は、当面、東海地震（駿河湾を震源、M8.0）について、震度

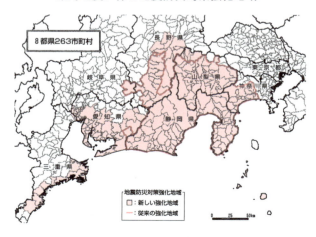

東海地震に係る地震防災対策強化地域

6弱以上になると予想される地域です。

(3) 地震予知観測網

東海地震を予知するため、東海・南関東の地域には次の図のようにいろいろな観測設備がおかれ、常に観測が行われ、そのデータの多くは、気象庁にテレメータにより送り込まれ、観測の強化がなされています。

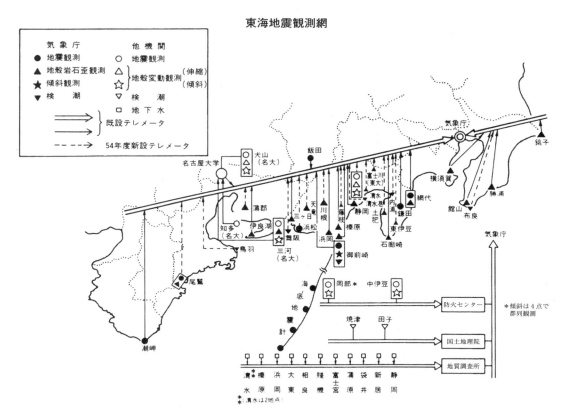

東海地震観測網

2 警戒宣言発令

東海地域の観測データの異常が、一定のレベルを超えた場合、わが国を代表する地震学者6人からなる地震防災対策強化地域判定会が招集され、地震発生の前兆に結びつくかどうか急いで判定されます。その結果が「地震発生の可能性が高い」場合は、気象庁長官が内閣総理大臣に報告し、内閣総理大臣は、これに基づき閣議を開き「警戒宣言」を発令することになります。

警戒宣言の内容は次のとおりです。

- 地震予知情報を受け、緊急の必要があると認めたので、警戒宣言を発令すること。
- 国、県、市町村、公共機関、特定の事業所は応急対策をとること。

- 住民及びその他の事業所も警戒態勢をとること。

なお、その後の観測データの変化に応じ、地震発生のおそれがないと判明したときは、警戒宣言は解除されます。

警戒宣言発令までの所要時間

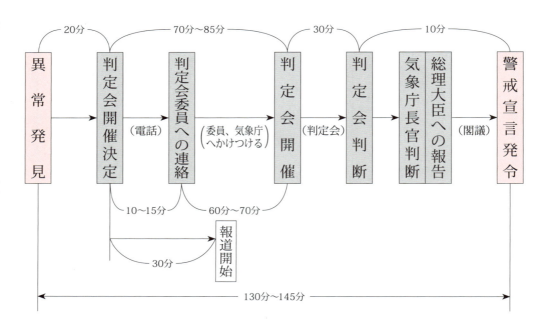

判定会招集情報が、テレビ、ラジオを通じ一般住民に報道されるのは、判定会開催決定の30分後とされています。

3 警戒宣言発令時の対策

職場における対策

警戒宣言が発せられた場合には、どの職場でも、被害を少なくするための対策をとる必要があります。しかし、何をしなければならないか、その場になって考えても間に合いません。あらかじめ計画を定めておく必要があります。対策の内容として一般的に考えられるのは次のようなものです。

- 地震予知情報等を収集し、職場内に伝達すること。
- 地震発生前の応急対策に必要な人員、資器材を確保すること。
- 設備類、ロッカー、窓ガラス等の転倒、破損を防止する応急措置をとること。
- 工事中の箇所は工事を一時中断すること。

- 火気の使用制限及び火気使用設備の点検をすること。
- 危険物、火薬類の貯蔵、取扱いを行う施設では、作業を停止し、転倒、落下を防止する応急措置をとること。
- 消防用設備等を点検し、作動するか確かめること。
- 自衛消防組織は活動体制をとること。
- 隣接の事業所と協力体制をとること。
- 営業を自主規制するか決めておくこと。
- 非常持出品（重要書類、有価証券など）を区分し、いつでも持ち出せるようにしておくこと。
- 不特定多数の人が出入りする施設では、安全に退避させる方法を考えておくこと。

4 「東南海・南海地震」「日本海溝・千島海溝周辺海溝型地震」防災対策特別措置法

東南海地震・南海地震

　地震が発生した場合、大きな被害が予想される、東海から紀伊半島（東南海地震）、紀伊半島から四国の沖合い（南海地震）の地域21都府県652市町村が平成15年、防災対策推進地域に指定されました。今後30年以内に発生する確率は東南海地震では50％（M 8.1前後）程度、南海地震では40％（M 8.4前後）程度と予測がされています。

日本海溝・千島海溝周辺海溝型地震

　近く、房総半島の東方沖から三陸海岸の東方沖を経て択捉島の東方沖までの日本海溝・千島海溝周辺海溝で発生する地震により、大きな被害が予測される1道4県130市町村が平成16年、防災対策推進地域に指定されました。

消防計画

　大規模地震対策特別措置法により、特定防火対象物等の防火管理者は、次のような事項について消防計画で定めなければならないとされました。

- 発生する津波からの円滑な避難の確保に関すること。
- 地震に係る防災訓練の実施に関すること。
- 地震による被害の発生の防止又は軽減を図るために必要な教育及び広報に関すること。

第3　職場の地震対策

1　防災教育

　地震が発生したとき、とっさにわが身とわが社を守る行動がとれなければ、どんなにりっぱな対策を作成しても意味がありません。どんなに完全な防災設備を整えても、いざというとき使えなくては「むだ」になります。ふだんから、地震に対する対策を整え、とっさに行動できるよう訓練しておく必要があります。

　防災教育の第一歩は「意識を変えること」です。地震の話は、大地震の直後か、地震予知さわぎの最中でもなければ耳に入らないし、無理に聞かせても反対側の耳から抜けてしまいます。それは、以下のような日常性優先の考え方が聞く人の耳をふさいでいるからです。

- 「生まれてから大地震にあったことがない。これからも大丈夫だ。」
という、いわれなき楽観論。
- 「地震を防ぐことはできない。どんな対策をしても「むだ」だ。」
というあきらめの気持ち。
- 「いつくるかわからない地震のことを考えても仕方がない。地震が発生したらそのときだ。」

こういう意識では地震対策に身が入りません。教育、訓練をすすめるためには、まず経営者、管理者が、以下のことを念頭において地震防災を会社の業務の一部に位置づけることが必要です。そうすることによって、はじめて従業員も地震対策に身を入れることになります。

- 「わが国の場合、地震から逃れることはできない。地震が発生することを前提に事業の経営を考えるべきである。」
- 「対策には金も手間もかかるが、被害額にくらべれば問題外である。安心料、保険料と考えれば高いものではない。」
- 「地震が発生したら、周囲に被害を及ぼさないことが企業の社会的責任であり、住民と共存していく道でもある。対策を怠って周囲に迷惑をかければ、再建はむずかしい。」
- 「地震で壊れない工場にするために何千万円もかけるという防災では、費用がないので何もしないと言うことになる。これに対し、工作機械が従業員を直撃しないように何万円かで留め金具をつけるという減災は、ただちにでき、人的被害の軽減に役立つ。工場が壊れないのが一番だが、工場は壊れても重傷のところが軽傷に、死亡するところが重傷になるということは、何もしないということに比べれば、とてつもなく大きなことだ。」

2 防災教育の実際

　地震が発生したとき、従業員の中に自分は何をしてよいか分からない人がいれば、"ウロウロ"するばかりで、自分も危いし会社としての防災活動にも支障となります。地震から、わが身わが社を守るためには、職場の防災体制をよく理解し、「自分の役割は」、「何をしたらよいか」が頭に入っていなければなりませんし、また、防災機器の動かし方も分かっていなければなりません。

　防災教育は、わが身わが社を守るため必要な基礎知識と、防災活動の実技を学ぶものです。何のために教育をするのか、目的と必要性がはっきりしないと教育の効果はうすくなります。

　防災教育の内容は、それぞれの職場の規模、立地条件によりさまざまですが、一般的に考えられるものには次のようなものがあります。

〈防災教育プログラム〉

★　地震の基礎知識
- 地震とは何か、地震はなぜ発生するか。
- 地震の前ぶれはあるか、地震予知はどうやってするのか。
- 震度とは何か、震度5、6、7、のとき人や物はどうなるのか。
- 地震のとき人はどういう行動をとりやすいか。

★　地震被害に関する知識
- 当地では今までに大きな地震が発生したことがあるか、また、それによりどのような被害があったか。
- 最近の主な地震で、同種の施設はどんな被害を受けたか。
- いま予想されている地震又は津波により、どんな被害が予想されるか。

★　地震に備えて、あらかじめどのようなことをしておけばよいか。
- 職場の耐震安全点検と補強のやり方（倒壊防止、転倒・落下防止、出火防止、危険物漏洩防止）。

★　わが社周辺の状況はどうか
- 事業所の立地条件と周辺の状況から、どんな災害が予想されるか。
- わが社が所在する地方公共団体の震災対策はどうなっているか。

★　地震が予知された場合、どんな対策をとればよいか

★　地震が発生した場合、どんな対策をとればよいか

★　地震が予知された場合、又は発生した場合の対策の中で、個々の従業員又は担当組織（自衛消防組織、所属部課係、工場ライン等）の果たすべき役割と任務

3　防災訓練

　昭和53年の宮城県沖地震の際、「防災講演を開いたり訓練を経験したことのある人、あるいは本当の火災で消火をしたことのある人でも初期消火、客の避難誘導ができなかった。」という報告があります。いざというとき、体が動かなくてはどうしようもありません。いろいろな訓練を通してそれぞれの行動を確認することが必要です。そのポイントは、地震のゆれに対する「身の安全」、「出火防止」、「初期消火」にあります。

　また、地震予知がなされた場合にも、すばやい対応策がとれるように警戒宣言時の行動について訓練をする必要があります。

(1) 訓練の方法

　訓練の方法は、業種や規模によってちがいますが、標準的パターンを示せば、次のとおりです。

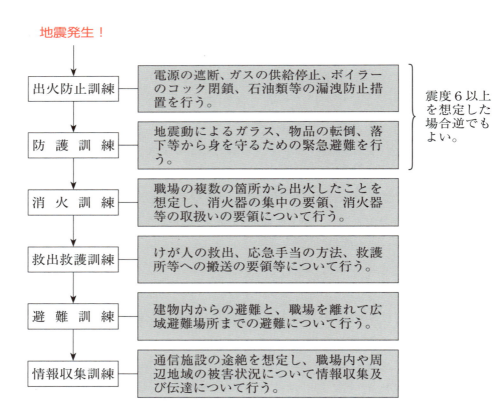

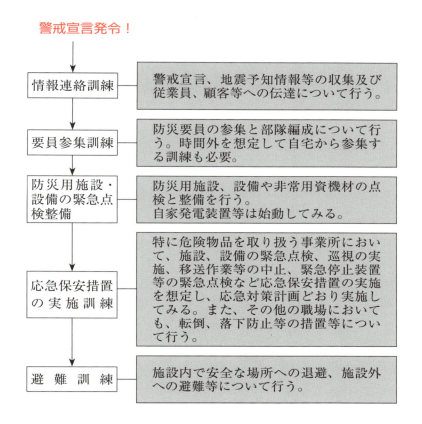

(2) 訓練の際、特に注意すべきこと

　訓練は職場ぐるみで行うのが前提ですが、その中で個人の役割がおろそかになっては効果がうすくなります。大きな災害には、非常用の器具、設備の管理が悪く、いざというときに作動しなかった例とともに、従業員が非常用の器具、設備の所在や使い方が分からなかった例も多くあります。こういうことがないよう、個人の知識、技術の向上も防災訓練の大きな目的として考えなければなりません。そのため、個人個人の課題として、

- わが社の非常用の器具、設備はどのようになっているのか、どこに何があるのか。
- それはどのように動かすのか、動かないとき代わりになるものがあるのか。

を十分に理解させておく必要があります。分担をきめておいても、とっさの場合担当者がそこにいるとはかぎりません。誰でも交代できるように最低必要な知識と技能を修得させておく必要があります。

4　地震対策チェックリスト

　わが国は、地震の多発国であり、地震の発生そのものを防ぐことはできないにしても、平素から地震対策を行うことにより、地震による被害の軽減を図ることができます。

　それでは、このチェックリストに従い、あなたの事業所の防災診断をしてください。チェック内容により、不備が多かったところは、地震が発生するとかなり危険な状態と言えます。

① チェック内容
- 自分の事務所等は自分で守る覚悟ができていますか？
- 建物の外壁、窓ガラス、かわらなどの落下危険は、ないですか？
- 看板、塀など危険なところは補強していますか？

「この看板は落ちそうだ」
「この塀は地震が起きたら崩れるぞ」

「いざという時には助け合おう」

② チェック内容
- 消火の方法・応急手当の方法は身についていますか？
- 非常用品・非常持出品は準備してありますか？
- ふだんから近所の職場同志で協力体制をつくっていますか？

③ チェック内容
- 避難場所や避難路はどこか確認してありますか？
- お客様を安全に避難誘導するための対策がとられていますか？
- 避難通路・階段等に避難上支障となる物品が置かれていませんか？

「もし、危険になったらここへ避難します。」
―職場での防災会議―

「商品や備品は落ちてこないように置かなくては」

④ チェック内容
- ロッカーや陳列ケースを固定したり、商品の転倒防止措置などを行っていますか？
- 高いところにテレビ等の重い物を置いていませんか？
- 薬品や危険物の棚などには、転倒、落下防止措置を行っていますか？
- 危険物や火気を用いる器具・設備の点検整備をしていますか？
- 防災設備はいつでも使えるように点検整備してありますか？

★ 非常用品等を準備しておきましょう。

　地震により電気、ガス、水道などの供給がストップすると、組織的な救援活動が行われるまでの間は、自力で対応しなければなりません。

　非常用品、非常持出品をふだんからまとめておき、置き場所も決めておきましょう。

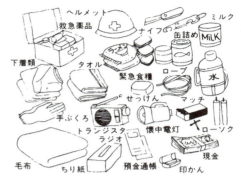

非常持出品の例

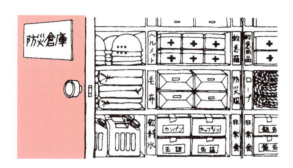

非常備蓄品
- 飲料水（1人1日当たり3ℓ）
- 食料
- 燃料
  （簡易ガスコンロ・固形燃料）
- 懐中電灯、ローソク
  （倒れにくいもの）
- 携帯ラジオ

が必要です。

★ 救出・救護用資器材等を準備しておきましょう。

　上記の他、事業所の規模、収容人員等に応じて必要な資器材や物品を用意しておきましょう。

● 救出作業に必要なもの

　倒壊した建物や土砂くずれの中から救出するために、次のような器具を準備します。

- スコップ
- つるはし
- ロープ
- 金てこ
- 鉄パイプ
- ハンマー
- のこぎり

● 応急手当に必要なもの

薬品類	救急資器材類	
消毒液 外用薬	包帯、三角巾 ばんそうこう ガーゼ、カット綿 はさみ、ナイフ ピンセット、毛ぬき	体温計 水まくら、氷のう タオル、バスタオル シーツ、毛布 副木、たんか

5　火災発生の原因と対策

　地震による火災は、ストーブの上に家具が倒れて出火するとか、薬品棚が倒れて混触発火するとか、ふだん予期しない原因で起こるのがほとんどです。過去の記録を見ても地震のゆれによる直接的被害よりも火災による被害の方が大きいのです。

　そこで、実例から火災に至る経過と対策について簡単にまとめると、次の表のようになります。

原　　因	火　　源	着　火　物	対　　策
炎の出る器具や表面が高い温度の器具の上に、燃えやすいものが転倒、落下して	・ストーブ、コンロ、ボイラー等	・家具類、紙類、衣類、シンナー、アルコール、薬品、油類	・自動消火装置の取付け ・家具等の固定 ・火気のまわりの整理整とん ・危険物品の安全管理
火のついたものや、炎の出る器具が転倒、落下し、すべり動き、可燃物にふれて	・上記に加えて、燃えているまき、炭、蚊取線香等	・カーテン、壁に下げた衣類、商品その他	・自動消火装置の取付け ・器具の固定、すべり止めやガードの取付け ・火気のまわりの整理整とん
地震で液面が傾いたり、ゆれ動いたため、異常な燃え方をして	・石油ストーブ、重油バーナーなど、液体燃料を使う器具	・まわりにあるすべての可燃物	・自動消火装置、自動燃料遮断装置の取付け ・火気のまわりの整理整とん
火を消さずに逃げたため過熱、からだき、沸騰して	・すべての火気とくにコンロ、ストーブ、風呂釜、湯沸し、乾燥機、ボイラー	・炉や鍋の内容物 ・まわりにあるすべての可燃物	・自動消火装置、自動燃料遮断装置の取付け （小さな地震でも必ず火を消すよう習慣づけること） （地震後、建物のまわりをよく見回ること）
薬品が転倒、落下してこぼれ、空気や水にふれ、又は混触して	・薬品	・薬品 ・まわりにあるすべての可燃物	・薬品の安全管理を徹底すること（棚の固定、収納方法の安全化等）
電線が切れる等して、漏電、ショートしたり、器具に過大電流が流れたりして	・電気器具全般 ・電線	・まわりにあるすべての可燃物	・地震のときはコンセントを抜く、ブレーカーをおろす等習慣づけること （地震後建物のまわりをよく見回ること）
油鍋、アスファルト炉などがあふれ、とび散り、傾いて	・火にかかっている油鍋、アスファルト溶解炉など	・食用油、アスファルト等鍋や炉の内容物 ・まわりにあるすべての可燃物	・上記に加えて、鍋のふちにゆれてもこぼれないよう「縁」をつけること ・こぼれた油が直接火にかからないよう器具又は鍋に「スカート」をつけること
亀裂、破損により油漏れ、ガス漏れをおこして、又は火粉が飛び散って	・石油器具、ガス器具全般 ・電気器具でニクロム線が露出しているもの ・裸火、電気火花、煙突、煙道	・製造所、タンク、配管、使用器具などから漏れ出した石油、ガス等 ・ボイラー、煙突周辺にあるすべての可燃物	・耐震性をもつ設備配管とし、支持方法等も十分なフレキシビリティを持たせること （引火の恐れがあるのですべての火気、電気を断つこと）

6 転倒・落下防止対策

　事業所内には、地震が発生すると転倒・落下しやすいものが多数あり、けがをしたり、避難の妨げとなるおそれがあります。

　例えば一般の事務所では、棚、ロッカーなど、工場や病院では、混触発火による出火危険の高い薬品、重機械、設備類などの備品について、転倒・落下防止措置や固定をしっかり行う必要があります。

　次に具体的な固定等の方法を例示します。

★　柱等に直接固定する場合

（例１）　L型金具と木ねじで、２か所固定する方法　　　（例２）　布バンド又は生ゴムバンドで２か所固定する方法

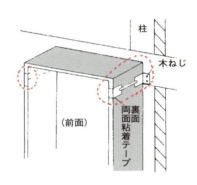

★　大壁（柱のみえない壁）に固定する場合

（例１）　間柱と固定する方法

　　　　大壁に直接木ねじなどを打っても、力を加えると脱落することがあるので、壁の中の間柱や胴縁に木ねじなどで固定します。間柱等は、槌で打って音の変化をみたり、きりで突いたりしてみつけます。

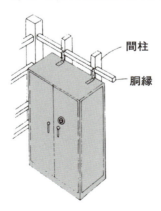

（例２）　胴縁と固定する方法

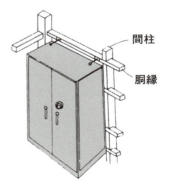

★　耐火建築のコンクリート壁面に固定する場合
（例１）　比較的軽量の場合

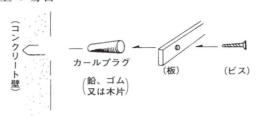

　　　コンクリート壁面にドリルで穴をあけ、カールプラグを差し込み、さらにビスをねじ込んで、補強横架材（ぬき板等）を取付けたうえで、前述した方法等を利用してロッカー、棚類を固定します。

（例２）　大型、重量のある場合
　　　コンクリート壁面にドリルで穴をあけ、ボルトを打ち込んで補強横架材や取付金具を取り付け、ロッカー、棚類を固定します。

（例３）　床と天井に固定された支柱を立て、これにロッカー、棚類を固定します。

★　危険物・化学薬品容器等の保管方法

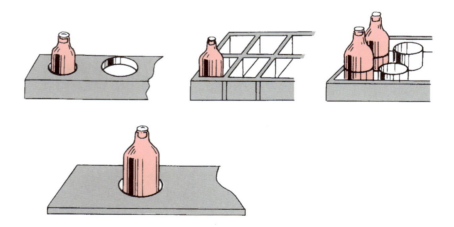

★ プロパンガスボンベの固定方法
  ◉ ボンベの転倒防止に鎖を使用する場合
   ・ 鎖は強いものを使用し、止め具もしっかりしたものをつける。
   ・ 鎖の位置はボンベの下から$\frac{2}{3}$のところにつける。
   ・ 鎖、金具の強さは、次の引張り強度に耐えるものを使用する。

容器の大きさ	引張り強度
50kg	80kg
20kg	30kg
10kg	15kg

   ・ 取付場所は、柱又は間柱とする。板壁ベニヤ板では十分な強度が得られない。
   ・ 軸組と止め金具のスパンとが合わない場合は、副木を用いて間接的に軸組へ取り付ける。コンクリート壁等の場合は、カールプラグで固定した副木に取り付ける。
   ・ 家屋と容器のすき間や鎖のあそびは極力少なくする。
   ・ 鎖類と家屋が直角になるように止め金具を取り付ける。
   ・ 元栓のところに保護具（プロテクター）があるものは、その部分にも鎖を通すようにする。

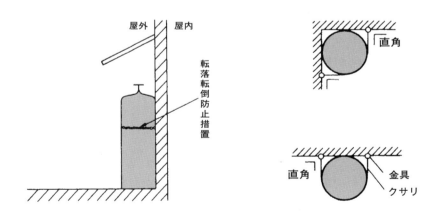

Ⅳ 台風関係

1 台風について

自然災害のうちで地震とともに恐ろしいものは、台風です。
台風について基礎的なことを知り、台風災害の対策に役立ててください。

(1) 台風とは

北太平洋の熱帯地方及び南シナ海に発生する熱帯低気圧の一種で、中心付近の最大風速が毎秒17メートル以上になったものをいいます。

台風は、中心付近の気圧が異常に低いため、まわりから空気が猛烈な勢いで吹き込んでいます。そしてこの空気の流れは、地球の自転の影響で左まきの空気のうずまきとなり、気流にのって発達しながら北上します。

(2) なぜ秋口に台風が多く上陸するのか

一般に台風の来襲期は二百十日、つまり立春から数えて210日目に当たる9月1日、2日といわれています。しかし、過去の例では大きな台風がやってくるのは220日目ごろか、その少しあとの方です。台風の発生数を各月の平均でみると7月～10月に集中して発生し、上陸するのは8月、9月が多いようです。

これは9月以降は北太平洋高気圧が弱まってくるのに比べ、上空の偏西風は強まっているため、台風が日本に近づきやすくなるからです。また、秋の台風は、しばしば秋雨前線といっしょになって大雨や集中豪雨をもたらします。

(3) 台風による災害

「中心気圧〇〇ヘクトパスカルの台風」などというとき、私たちは台風を点としてとらえがちですが、むしろ半径200キロメートルとか、大きいときは400キロメートル以上の大きな暴風雨のかたまりとして考えなければなりません。

台風による災害の主なものは、風による災害、雨による災害、そして高潮による災害です。高潮とは、台風や強い低気圧により海水面が異常に高くなり、暴風に吹かれて海水が陸地に侵入してくる現象をいいます。台風の中には、雨が多く降るが比較的風の弱い「雨台風」と、雨が少ないが風の強い「風台風」とよばれるものがありますが、一般的に、台風には雨と風がつきものです。高潮による災害は、すべての台風がもたらすとは限りませんが、いったんおきると大きな災害（昭和34年伊勢湾台風）になるおそれが強く、台風のとき忘れてはならないものです。

> 風による災害

　台風の強い風で建物が壊れたりするのは、風がものを押す力、つまり風圧によるものです。風圧は風速の二乗に比例して強くなるといわれています。すなわち、風速が2倍になれば風圧は4倍になるわけです。また、風速10メートルの風が吹くと1平方メートルあたり12キログラムの圧力がかかります。風速10メートルの風でかさが壊れるのは、かさの上に12キログラムの物をのせたと同じになるためです。

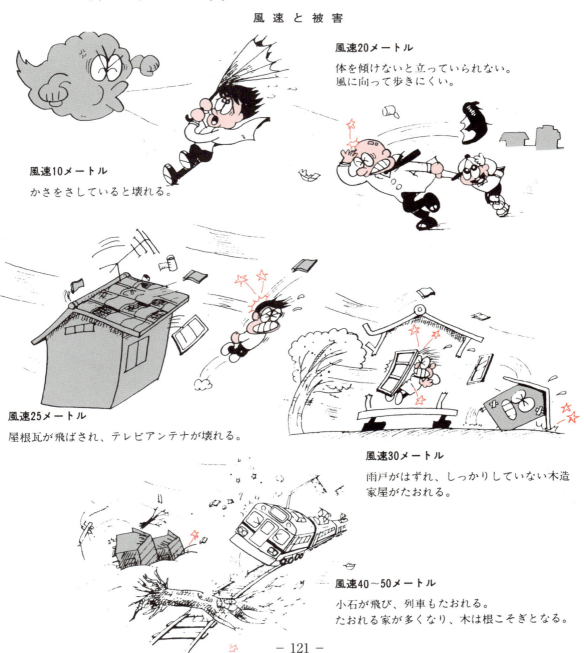

風速と被害

風速10メートル
かさをさしていると壊れる。

風速20メートル
体を傾けないと立っていられない。
風に向って歩きにくい。

風速25メートル
屋根瓦が飛ばされ、テレビアンテナが壊れる。

風速30メートル
雨戸がはずれ、しっかりしていない木造家屋がたおれる。

風速40～50メートル
小石が飛び、列車もたおれる。
たおれる家が多くなり、木は根こそぎとなる。

雨による災害

　1個の台風が日本の陸上に降らす雨の総量は何百億トンにも達するといわれています。台風は非常に広い範囲に大雨を降らせますが、地域によって雨の量や強さは一様ではありません。ごく狭い範囲に集中的に雨を降らせることもあり、この「集中豪雨」が山くずれや崖くずれ、浸水などの被害をもたらし、台風の災害をいっそう大きなものにします。

1時間の雨量	雨の降り方
3ミリ以下	レインコートでまにあうような雨、0.5ミリ程度の雨では雨具は不必要で水たまりもできない。
3～10ミリ	雨の音がよく聞こえる。水たまりができる。かさが必要だと感じる雨が3～10ミリ程度。
10～20ミリ	雨の音で話もよく聞き取れない。地面一面に水たまりができる。
20～30ミリ	土砂ぶりになる。下水がたちまちあふれる。小河川のはん濫、崖くずれがはじまる。
30ミリ以上	バケツをひっくり返したような雨。

1時間 30ミリ以上

雨量 1ミリ

雨量 100ミリ

〈1時間に100ミリの雨とはどんな雨か〉

　よく知られているように雨の量は「ミリ」であらわします。平らな地面に降った雨が流れたり、しみ込んだりしないで、深さが1ミリになるとき、その降った雨を1ミリの雨量といいます。この1ミリの雨量を畳2枚の面積にすると1.8リットル瓶で約2本分の量に相当します。100ミリの雨量とは、同じ面積にドラム缶1.5本分もの量の雨が降るわけですから大変です。

　1時間に100ミリの雨とは、この量がわずか1時間に降るのですから、猛烈な豪雨であるわけです。

(4) 台風の強さと大きさ

　台風の強さや大きさをあらわすには、気圧を用いますが、風の強さも参考にします。中心気圧の低いものほど強い台風で、1,000ヘクトパスカル（hPa）等圧線の半径が大きいものほど大きな台風というわけです。下の表は「台風の強さ」と「台風の大きさ」を分類したものです。台風情報などでは"非常に強い大型台風"とか、"なみの中型台風"というように、強さと大きさを組み合わせて呼ばれます。

台風の強さ

階　　級	域内の最大風速
（表現なし）	33m／秒未満
強　　　　い	33m／秒以上 44m／秒未満
非　常　に　強　い	44m／秒以上 54m／秒未満
猛　烈　な	54m／秒以上

台風の大きさ

程　　度	平均風速15m／秒以上の強風域の半径
（表現なし）	500km未満
大型（大きい）	500km以上 800km未満
超大型（非常に大きい）	800km以上

(5) 台風の進路

　台風は太平洋高気圧のふちに沿って進みます。太平洋高気圧は季節によってはり出し方が大体一定していますので、台風の進路も季節によってほぼ一定しています。台風は、発生直後は太平洋高気圧の南側の大気の流れ（偏東風）に流されて、西又は西北西に進みますが、北緯20度から30度付近に達すると、いったんスピードを落として上空を西から東に流れている気流（偏西風）にのりかえ、向きを北又は北東にかえて進みます。

　しかし、この進路はあくまでも平均的なもので、5月や6月に日本へ上陸した台風もありますし、進行方向が定まらず、蛇のような進み方をする「迷走台風」もあります。

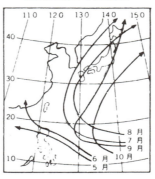

台風進路の季節変化

迷走台風の例

(6) 台風のコースと影響

　台風は進行方向にむかって右半円が左半円に比べて風速が強く範囲も広くなっています。台風の中心の右側では、台風そのものの南よりの風に進む力が加わり、風速が強くなります。反対に左側では、風の向きと進む方向が逆になるため風速が弱まります。

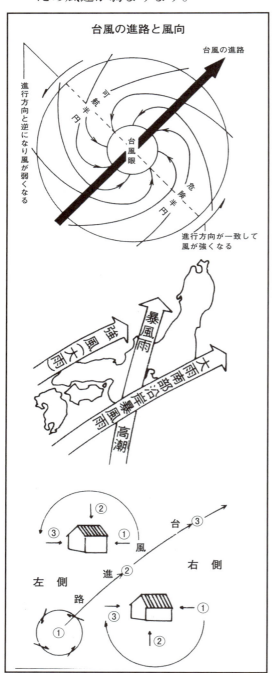

◉　台風の予想進路が発表されたら、自分の住んでいる地域が、どの方向に当たっているか判断します。
進行方向の
- 左寄り前面—最も強い大雨区域
- 右寄り後方—最も強い暴風区域

　そして、台風の中心が東側を通れば大雨の心配があり、西側を通れば雨より強風を警戒しなければなりません。
　最大風速が毎秒20メートルとあれば、最大瞬間風速は2倍の風が吹くこともあります。
　また、台風の中心が通れば、雨と風の両方を警戒してください。

左側では　　反時計まわり
① はじめに東風（台風次第に近づく）
② 次第に北風に変わり（台風最も近づく）
③ 西風になる（台風次第に遠ざかる）

右側では　　時計まわり
① はじめ東風（台風次第に近づく）
② 次第に南風に変わり（台風最も近づく）
③ 西風になる（台風次第に遠ざかる）

台風の進路付近では
台風の通過と同時に風向は反対になり、猛烈な吹きかえしがある。

2 気象予報の種類と発表基準

対象となる現象や災害の内容によって下記のように6種類の特別警報、7種類の警報、16種類の注意報を発表しています。

特別警報の種類と警告内容

警報の発表基準をはるかに超える豪雨等が予想され、重大な災害の危険性が著しく高まっている場合、特別警報を発表し、最大限の警戒を呼び掛けます。

種　　類	発　表　基　準
大雨特別警報	台風や集中豪雨により数十年に一度の降雨量となる大雨が予想され、若しくは、数十年に一度の強度の台風や同程度の温帯低気圧により大雨になると予想される場合に発表します。大雨特別警報が発表された場合、浸水や土砂災害などの重大な災害が発生するおそれが著しく大きい状況が予想されます。雨がやんでも、重大な土砂災害などのおそれが著しく大きい場合は、発表を継続します。
大雪特別警報	数十年に一度の降雪量となる大雪が予想される場合に発表します。
暴風特別警報	数十年に一度の強さの台風や同程度の温帯低気圧により暴風が吹くと予想される場合に発表します。
暴風雪特別警報	数十年に一度の強度の台風と同程度の温帯低気圧により雪を伴う暴風が吹くと予想される場合に発表します。「暴風による重大な災害」に加えて「雪を伴うことによる視程障害（見通しが利かなくなること）などによる重大な災害」のおそれが著しく大きいことについても警戒を呼びかけます。
波浪特別警報	数十年に一度の強さの台風や同程度の温帯低気圧により高波になると予想される場合に発表します。この「高波」は、地震による「津波」とは全く別のものです。
高潮特別警報	数十年に一度の強さの台風や同程度の温帯低気圧により高潮になると予想される場合に発表します。

警報の種類と警告内容

警報とは、重大な災害が起こるおそれのあるときに警戒を呼びかけて行う予報です。

種　　類	発　表　基　準
大雨警報	大雨による重大な災害が発生するおそれがあると予想したときに発表します。対象となる重大な災害として、重大な浸水災害や重大な土砂災害などがあげられます。雨がやんでも、重大な土砂災害などのおそれが残っている場合は、発表を継続します。
洪水警報	大雨、長雨、融雪などにより河川が増水し、重大な災害が発生するおそれがあると予想したときに発表します。対象となる重大な災害として、河川の増水や氾濫、堤防の損傷や決壊による重大な災害があげられます。
大雪警報	大雪により重大な災害が発生するおそれがあると予想したときに発表します。
暴風警報	暴風により重大な災害が発生するおそれがあると予想したときに発表します。
暴風雪警報	雪を伴う暴風により重大な災害が発生するおそれがあると予想したときに発表します。「暴風による重大な災害」に加えて「雪を伴うことによる視程障害（見通しが利かなくなること）などによる重大な災害」のおそれについても警戒を呼びかけます。「大雪＋暴風」の意味ではなく、大雪により重大な災害が発生するおそれがあると予想したときには、「大雪警報」を発表します。
波浪警報	高い波により重大な災害が発生するおそれがあると予想したときに発表します。この「高波」は、地震による「津波」とは全く別のものです。
高潮警報	台風や低気圧等による異常な海面の上昇により重大な災害が発生するおそれがあると予想したときに発表します。

注意報の種類と注意喚起内容

注意報とは、災害が起こるおそれのあるときに注意を呼びかけて行う予報です。

種類	発表基準
大雨注意報	大雨による災害が発生するおそれがあると予想したときに発表します。対象となる災害として、浸水災害や土砂災害などがあげられます。雨がやんでも、土砂災害などのおそれが残っている場合は、発表を継続します。
洪水注意報	大雨、長雨、融雪などにより河川が増水し、災害が発生するおそれがあると予想したときに発表します。対象となる災害として、河川の増水や氾濫、堤防の損傷や決壊による災害があげられます。
大雪注意報	大雪により災害が発生するおそれがあると予想したときに発表します。
強風注意報	強風により災害が発生するおそれがあると予想したときに発表します。
風雪注意報	雪を伴う強風により災害が発生するおそれがあると予想したときに発表します。「強風による災害」に加えて「雪を伴うことによる視程障害（見通しが利かなくなること）などによる災害」のおそれについても注意を呼びかけます。「大雪＋強風」の意味ではなく、大雪により災害が発生するおそれがあると予想したときには「大雪注意報」を発表します。
波浪注意報	高い波により災害が発生するおそれがあると予想したときに発表します。この「高波」は、地震による「津波」とは全く別のものです。
高潮注意報	台風や低気圧等による異常な海面の上昇により災害が発生するおそれがあると予想したときに発表します。
濃霧注意報	濃い霧により災害が発生するおそれがあると予想したときに発表します。対象となる災害として、交通機関の著しい障害などの災害があげられます。
雷注意報	落雷により災害が発生するおそれがあると予想したときに発表します。また、発達した雷雲の下で発生することの多い突風や「ひょう」による災害についての注意喚起を付加することもあります。急な強い雨への注意についても雷注意報で呼びかけます。
乾燥注意報	空気の乾燥により災害が発生するおそれがあると予想したときに発表します。具体的には、火災の危険が大きい気象条件を予想した場合に発表します。
なだれ注意報	「なだれ」により災害が発生するおそれがあると予想したときに発表します。
着氷注意報	著しい着氷により災害が発生するおそれがあると予想したときに発表します。具体的には、通信線や送電線、船体などへの被害が起こるおそれのあるときに発表します。
着雪注意報	著しい着雪により災害が発生するおそれがあると予想したときに発表します。具体的には、通信線や送電線、船体などへの被害が起こるおそれのあるときに発表します。
融雪注意報	融雪により災害が発生するおそれがあると予想したときに発表します。具体的には、浸水、土砂災害などの災害が発生するおそれがあるときに発表します。
霜注意報	霜により災害が発生するおそれがあると予想したときに発表します。具体的には、早霜や晩霜により農作物への被害が起こるおそれのあるときに発表します。
低温注意報	低温により災害が発生するおそれがあると予想したときに発表します。具体的には、低温のために農作物などに著しい被害が発生したり、冬季の水道管凍結や破裂による著しい被害の起こるおそれがあるときに発表します

Ⅴ 消防関係用語

引火点

　引火が起こる最低温度。可燃性液体の火の着き易さを示す指標として用いられ、通常、℃で示される。

　引火点は、可燃性蒸気が燃焼するに必要な最低の混合割合、即ち燃焼範囲の濃度の蒸気を発生する時の可燃性液体の温度であるといえる。したがって、可燃性液体の温度が引火点以上であれば、常に引火する危険性があり、また液体の温度が引火点を下回るならば、これが引火点以上に温められない限り引火の危険がない。例えば、引火点が－40℃のガソリンは、通常は－40℃未満の温度に冷却されていることがないので、常に引火の危険性をもっていることになる。また、引火点の高いものであっても、引火点以上に加熱されれば、その状態では引火点の低いものと同様の引火の危険がある。

応急消火義務者

　火災が発生したとき、その消防対象物の①関係者、②火災を発生させた者、③火災の発生に直接関係がある者、④火災が発生した消防対象物の居住者又は勤務者（②、③、④の者については、火災の現場にいる者で、傷病、癈疾その他の事由によって消火若しくは延焼の防止又は人命の救助を行うことができない者でない者に限る。）は消防隊が現場に到着するまでの間、消火若しくは延焼の防止又は人命の救助を行わなければならない。

応急消火協力義務

　火災が発生したとき、火災の現場附近に在る者は、消防隊が火災の現場に到着するまでの間、応急消火義務者の行う消火若しくは延焼の防止又は人命の救助に協力しなければならないものとされており、この義務のことを応急消火協力義務という。

火災警戒区域

　ガス、火薬又は危険物の漏えい、飛散、流出等の事故が発生した場合に、火災の発生及び人命・財産に対する危険を未然に防止するため消防長（消防本部を置かない市町村においては、市町村長）若しくは消防署長又は警察署長により設定される区域。この区域内においては火気の使用が禁止され、一定の者以外の者の退去が命じられ、又は出入が制限されることがある。

火災警報

　気象の状況が火災の予防上危険であるとして市町村長が発する警報。

　市町村長は、気象台長等が気象の状況が火災の予防上危険であると認めてその状況を都道府県知事に通報し、都道府県知事がこれを通報してきたとき又は自ら気象の状況が火災の予防上危険であると認めるときは、この警報を発することができる。

　この警報が発せられたときは、警報が解除されるまでの間、その市町村の区域内に在る者は、市町村条例で定める火の使用の制限に従わなければならず、これに違反した場合には罰則がある。

火災予防運動

　火災から国民の生命、身体及び財産を保護し、社会公共の福祉増進を図るための運動。

　全国的規模のものとしては、毎年春秋2回、全国いっせいに（北海道など一部地域を除く。）全国火災予防運動を実施している。これは、昭和22年10月第1週に「防火週間」として初めて行われたが、現在は、春の運動は消防記念日（3月7日）を含んで毎年3月1日から1週間実施されている。また同時に、全国山火事予防運動と車両火災予防運動も合せて行われる。秋の運動は、「119番の日」の毎年11月9日から1週間実施される。いずれも、火災が発生しやすい気候となる時季を迎えるに当り、火災予防思想の一層の普及を図る目的で行うもの。

関係者

防火対象物又は消防対象物の所有者、管理者、占有者を総称して関係者という。所有者とは、防火対象物等の所有権を有する者であり、区分所有形態の防火対象物等にあっては、区分所有者それぞれが所有者である。管理者とは、防火対象物等の保存、利用、改良等を図るについての権限を有する者を指す。占有者とは、防火対象物等を事実上支配する地位にある者を指し、占有意思の有無や、違法状態であるか適法状態であるかを問わない。

権原

ある法律行為又は事実行為をすることを正当ならしめる法律上の原因又は根拠をいう。

「権原を有する者」とは、たとえば消防法第3条第1項においては、措置命令を受けた場合に法律上正当にその内容を履行しうる者であって、所有者、管理者又は占有者のいずれであるかはその命令の内容と相手方の権原によってそのうちの一部に限られることもあれば、すべてであることもある。

権限

法律上、契約上それぞれの人又は機関がその与えられた又はつかさどる職務の範囲内において、することのできる行為若しくは処分の能力又は行為若しくは処分の能力の限界若しくは範囲をいう。

「職務」がある事務を誰が行うかという主体の面からとらえるのに対し、ある事務についてどの範囲まで行えるかという行為の限界の面からとらえる。

高層建築物

高さ31mをこえる建築物。

高層建築物でその管理について権限が分かれているものの管理について権原を有する者は共同防火管理について所定の事項を協議して定めておかなければならず（消防法第8条の2 I）、そこで使用されるカーテン等は防炎性能を有するものでなければならない（消防法第8条の3）。

消防用設備等の設置及び維持についての技術上の基準については、高層建築物という用語を使用してはいないが、11階以上の階を有する建築物については、非常コンセント設備の設置、スプリンクラー設備など防災上きびしい規定の適用がある。

なお、建築基準法令においても、高さ31mをこえる建築物については、非常用の昇降機、内装等について特別の規制が設けられている。

収容人員

防火対象物には、用途により不特定の者が出入したり、従業員が勤務したり、又共同住宅のように一定の者が居住したりしているのが一般的である。この防火対象物に出入し、勤務し、又は居住する者の数を当該防火対象物の「収容人員」という。防火対象物に実際に収容される人員は、同一の用途であっても防火対象物個々により千差万別であり、又同一の防火対象物であっても日や時間により変動する。

そこで、消防法では収容人員の算出について防火対象物の用途毎に一定の算定方法を定め、その方法により算出された人員を収容人員とする旨規定している。

消防警戒区域

火災現場において、生命又は身体に対する危険を防止するため及び消火活動、火災の調査等のため一定の者以外の者の退去命令又は出入りの禁止若しくは制限を行う区域として消防吏員等が設定する一定の区域をいう。

この設定行為は、事実行為であり、かつ、不特定多数の者に対して一定の時間客観的に明示されるべき行為であるから、口頭ではなく、ロープ等によって具体的に行うべきである。

チアノーゼ

体の組織の酸素が減少した状態をさし、つめ、口びるが紫色になることをいう。

中性帯

暖冷房時及び火災時のように、建物の内外で温度差がある場合には密度差に関係して建物の内外で大気の圧力差の分布ができるが、中性帯はその圧力差が零になる高さの面である。中立帯ともいう。

中性帯の位置及び個数は、建物の開口条件とか温度条件によって著しく変化する。暖冷房中の建物では一般に建物の高さの中間の近くに一つできるが、火災時の建物では火災階及び近くの階に複数個の中性帯ができることもある。建物の内側が外部よりも高温の場合には、中性帯より下の気流は建物の内部方向に向う低温の新鮮な空気であるが、中性帯の上では暖かい空気が建物の外側に向って流れる。火災時には暖かい空気の中に煙が含まれているために中性帯の位置が肉眼で観察できるが、その位置は開口部の下から開口部の高さのほぼ2／5（300℃）、1／3（1000℃）である。避難とか消防作業のときは、中性帯より下の低温で新鮮な空気を利用して呼吸するように心がけるのがよい。

低温着火

一般に木材の着火点は400～500℃、引火点は300～400℃の範囲内にあることが多いと言われているが、木材は低温でも加熱されると炭化（酸化）し発熱をともなうため、長時間加熱されると熱が蓄積され、ついには着火することがある。これを低温着火という。

事例として、厨房のガス台に近接する壁の中から出火することがよくあります。壁体にステンレス板等が張りつけてあり、これを支える材質が木材で作られているため、長期間加熱され、木材が炭化し、着火するものです。

避難階

直接地上へ通ずる出入口のある階。

通常、1階であるが、建築物の敷地が斜面等で高低差がある場合は、2階以上の階又は複数の階が避難階となることもある。

避難階段

災害時において、避難階又は直接地上に安全に避難できる機能を有する階段。避難階まで直通する屋内避難階段と地上まで直通する屋外避難階段の2種類があり、いずれも耐火構造とし、出入口には、火災時に自動閉鎖し、かつくぐり戸付きの防火戸又は鉄製網入りガラス入りの防火戸を設ける。

発火点

燃焼の開始を発火あるいは着火という。可燃性物質を加熱していくと、とくに火源がなくても発火に至る。このときの温度を発火温度又は発火点といい、可燃性混合気の組成とエネルギーによって決まるものである。

フラッシュオーバー

火災によって発生した熱が建物内に蓄積され、天井、側壁、部屋、内容物等の可燃物が加熱されて燃焼しやすい状態になり、部屋全体が一度に燃え出す現象。急速な拡大延焼。フラッシュオーバーが起こると急激な熱膨張を伴うために部屋内の圧力が高くなって高温の気体（煙も含む。）が廊下及び建物外に一気に吹き出され、建物の内部は非常に危険な状態になる。

フラッシュオーバーが生成するまでの時間は、部屋の形状と内装材及び部屋の開放状況や空気調和設備の有無等に関係するが、大体出火後3～10分である。フラッシュオーバーの生成を防止するには、火災によって生じた熱を建物外に排出させて部屋の中に閉じこめないようにしたり内装制限をする必要がある。

防火ダンパー

　煙突、炉、排煙設備、空気調和設備などの送気管に設け、送風量を加減する装置をダンパーという。

　ダンパーの一つとしての防火ダンパーは、送気管を伝っての火災の延焼を防止するために熱風又は火粉等を遮断する閉鎖装置(自動的に閉鎖する。)であり、風道が耐火構造の構造の壁又は床を貫通する箇所その他延焼の防止上必要な箇所には防火上有効な構造を有するダンパーを設けなければならない。

防火戸

　防火戸には、特定防火設備と防火設備の2種類があり、特定防火設備は、防火区画の開口部等に設置されるもので、1.5mm以上の厚さの鉄板製のもの、鉄筋コンクリート製で厚さが3.5cm以上のものなどがこれに該当する。防火設備は、開口部の延焼防止等に用いられるものであり、0.8mm以上1.5mm未満の厚さの鉄製戸、網入ガラスのスチールサッシなどがこれに該当する。

防災の日

　昭和35年6月17日の閣議において、「政府、地方公共団体等関係諸機関をはじめ、広く国民が台風、高潮、津波、地震等の災害について認識を深め、これに対処する心構えを準備する。」ことを目的として毎年9月1日を「防災の日」とする旨の了解がなされたものである。

無窓階

　建築物の地上階のうち、避難上又は消火活動上有効な開口部の面積がその階の床面積に対して1／30以下である階をいう。

　本来、窓等の開口部は建築物の採光、通風等を目的として設けられる(建基法28)が、火災等の非常時においては、避難口、救出口又は消防隊の進入口等にもなりうる。しかし、そのためには人間が出入りできることが必要であって、はめ殺し窓のように開閉できない窓又は開閉部分の小さな窓等は消防法令上避難等に有効な開口部とはみなされず、また、通常の引違い窓等の場合、窓を開けても開口部の半分はガラス戸によって出入りできないのでその半分の部分も有効な開口部とはみなされない。有効な開口部とみなされるのは、直径50cmの円が内接する大きさ以上の開口部と解されている。

　無窓階については、地階と同様に消防用設備等の規制が強化されている。

参 考 文 献

　本書の作成にあたり、関係法令のほか、次のような文献及び資料を参考又は引用しました。

（順 不 同）

○内田 知二 著　部下指導
○坂本　正 著　火災防ぎょ論
○全国消防長会編　自衛消防の実務
○東京消防庁編　自衛消防訓練の基礎
○安倍 北夫 著　火災と人間行動について
　　　　　　　　　　　　　　　（論文）
○室崎 益輝 著　建物火災における避難行動
　　　　　　　　　　　　　　　（論文）
○正田　亘 著　人間心理の面からみた安
　　　　　　　　全対策　　（講演記録）

編集・著作権及び
出版発行権あり
無断複製転載を禁ず

| 自衛消防訓練マニュアル | 定価943円
（本体857円＋税10％） |

編 著　自衛消防活動研究会
発 行　平成19年10月20日（第1刷）
　　　　令和6年11月20日（第10刷）
発行者　近 代 消 防 社
　　　　三 井 栄 志

発行所

近 代 消 防 社

〒105-0001　東京都港区虎ノ門2丁目9番16号
（日本消防会館内）
TEL　東京（03）5962-8831（代）
FAX　東京（03）5962-8835
URL＝https://www.ff-inc.co.jp
〈振替　00180-6-461　00180-5-1185〉

ISBN 978-4-421-00876-0　（乱丁・落丁の場合はお取替えします。）2024 ©